Sur l'auteur

William Thorp est reporter pour *Vakita* et ancien journaliste chez *Society,* où il a réalisé pendant cinq ans des reportages en Amérique du Nord, en Europe et en Afrique. Il a commencé par enquêter sur des faits divers français, avant d'écrire des articles internationaux au long cours pour cette revue.

WILLIAM THORP

L'AFFAIRE DU GOLDEN STATE KILLER

10/18

Ouvrage publié sous la direction
d'Elsa Delachair et Stéphane Régy

ISBN 978-2-264-07978-7
Dépôt légal : mars 2023

PROLOGUE

Printemps 1974, Rancho Cordova

Si un oiseau survolait Rancho Cordova, il n'y verrait qu'une ville en pointillé, sans relief. Dans cette partie du comté de Sacramento, en Californie, où les maisons de plain-pied s'alignent comme des briques, personne n'a jamais eu l'audace d'ajouter un deuxième étage. Un homme agile pourrait sauter de toit en toit sur des centaines de mètres sans efforts. On entendrait alors seulement le bruit de ses pas résonner entre les murs préfabriqués. Avec la verdure épaisse et les chênes qui pointent vers le ciel, de nuit, cet homme serait aussi invisible qu'un chat en pleine chasse.

En cette soirée de printemps 1974, Richard Shelby, trente-six ans, fait sa ronde dans les rues de la ville. Il roule lentement, discrètement.

Cet officier de patrouille de Rancho Cordova a une ligne de conduite : il n'allume jamais aucune lumière à l'intérieur de l'habitacle. À qui veut bien l'interroger là-dessus, il répond : « Vous n'avez pas entendu parler des meurtres "Zebra" ? » Un nom de code donné par la police à un groupe de tueurs afro-américains qui a assassiné, entre 1973 et 1974, au moins quinze personnes pour des motifs raciaux, dans la baie de San Francisco. La fréquence « Z » de la radio de police leur a été entièrement dédiée. Z comme Zebra. Richard Shelby s'est persuadé que le rite initiatique pour devenir l'un des leurs est de tuer un homme blanc, et de préférence un flic. Depuis, il ne conduit que dans l'ombre. Peu importe que ces tueries aient lieu à plus d'une centaine de kilomètres à l'ouest ou que ces hommes n'aient jamais spécifiquement visé des policiers. Pour Shelby, c'est une preuve de plus que l'autre ne vous veut jamais du bien, et que le mal est à chaque coin de rue.

Ce soir, la plupart des maisons sont plongées dans une obscurité que la lune n'a pas osé défier, et les rares piétons n'apparaissent qu'au dernier instant dans son champ de vision, éblouis par les phares. C'est un crépitement de sa radio de police qui brise la quiétude de la ronde. Un couple vient d'appeler le Département du shérif : le mari s'inquiète de bruits entendus dans la maison de leurs voisins, supposée vide, Dolcetto Street. Deux unités sont envoyées, mais Shelby se trouve à seulement quelques pâtés de maison : d'un ton qui n'autorise pas le refus, il prévient dans sa radio qu'il se rend lui aussi sur les lieux. Lorsqu'il arrive, l'un de ses collègues est déjà en train de discuter avec le couple : les bruits suspects viendraient de l'arrière-cour de la maison voisine, mais ils n'ont vu personne y entrer ou en sortir. Les policiers décident de se séparer. Shelby et un autre officier passent par le jardin arrière, tandis que le troisième longe la façade avant. Ni les uns, ni l'autre ne repèrent aucune trace d'effraction. Les trois hommes en uniforme tournent tout de même une seconde fois autour de la maison, puis décident de quitter le couple. Il n'y a ni cambrioleur ni rôdeur ici.

Richard Shelby n'a traversé que quelques rues lorsque sa radio se met à grésiller à nouveau. Le couple de Dolcetto Street vient de repérer une ombre s'enfuir de la maison voisine. Shelby fait machine arrière. Juste après le départ des officiers, lui explique le mari, il a de nouveau entendu du bruit. Puis, sur le toit de la maison de ses voisins, il a distingué une silhouette vêtue d'un treillis militaire. L'individu devait faire aux alentours d'un mètre quatre-vingts, avait les cheveux blonds et les traits d'un jeune homme. Il lui donne la vingtaine. Tout le temps que les policiers inspectaient les lieux, il était là-haut, protégé par la nuit, à les regarder faire. Il a sauté du toit dès qu'il les a vus partir. « Avec l'aisance d'un chat », ajoute le voisin inquiet.

Shelby retourne dans la maison. La porte du garage est ouverte. Elle ne l'était pas tout à l'heure. Dans l'embrasure, l'officier de patrouille bute sur une bûche d'un demi-mètre de long. Elle est recouverte d'une matière épaisse de couleur sombre : du sang, en si grande quantité qu'on ne distingue presque plus le bois. Shelby jette un œil dans le reste du garage et décide d'y pénétrer, sans prévenir le central. Il n'a pas envie de s'embarrasser de collègues et de dizaines de gyrophares. Il a toujours été un solitaire. S'il faut avancer, il le fait seul, une main sur son neuf millimètres.

Il monte ensuite les quelques marches qui séparent le garage des lieux de vie et s'enfonce dans la maison. À mesure qu'il progresse, lampe torche éteinte, il ne voit qu'une maison bien rangée. Aucune affaire ne semble avoir été déplacée, et aucun corps ne permet d'indiquer d'où vient le sang sur la bûche. Shelby ouvre la dernière porte, celle de la chambre principale. Elle aussi semble en ordre. Il fait quelques pas vers la table de nuit. Au pied du lit gît une petite masse sombre. Il l'éclaire de sa lampe torche : un chiot. L'animal a été frappé si violemment et tant de fois probablement par l'épais morceau de bois que ses intestins sont répandus sur le sol. Sa position, à moitié cachée sous le sommier, donne l'impression que la bête a eu si peur qu'elle a voulu se réfugier sous le lit. L'officier regarde une nouvelle fois autour de lui. Une seule silhouette se dessine grâce aux lumières extérieures, et c'est la sienne. L'homme du toit s'est évaporé.

L'enquêteur fait rapidement le lien entre ce chiot massacré et d'autres affaires. Depuis deux ans, à Rancho Cordova, un cambrioleur se glisse de maison en maison comme on jouerait à saute-mouton et laisse derrière lui des cadavres de chiens. Des policiers entendent parler de bêtes agressées, saignées à mort dans les escaliers et les salons. Un journal local, *The Grapevine,* a même mis un jour à la une l'image d'un labrador marron aux muscles secs, nommé Pups, assassiné dans son jardin. C'était en février 1972. Le rôdeur lui avait brisé les côtes, la mâchoire et ses dents avec un épais morceau de bois.

L'homme agit de nuit et ne se contente pas de tuer des chiens. Il est si discret qu'il donne l'impression à ses victimes, le lendemain, d'avoir été volées par un fantôme. Avec lui, on commence à craindre le silence. Les médias et les habitants de la ville lui ont donné un surnom : le « *Cordova Cat Burglar* » – « le Chat cambrioleur de Cordova ». Les chiffres sont impressionnants. Rien qu'au cours des six premiers mois de 1973, plus de cinquante maisons ont été visitées. Parfois plusieurs durant une même nuit. La constitution des butins intrigue aussi : le cambrioleur ignore la plupart du temps les objets de valeur et n'emporte avec lui que des babioles, comme si le vol n'était qu'une excuse pour s'immiscer dans les maisons. Il est également arrivé que des couples se réveillent en pleine nuit, et perçoivent les deux yeux d'un inconnu en train de les fixer en silence. Une femme l'a surpris, une nuit, penché au-dessus d'elle. Il était en train de lui effleurer la poitrine.

Richard Shelby a longtemps pensé que ces cambriolages étaient l'œuvre d'adolescents dérangés. Ce soir-là, sous le halo des lampadaires, le policier doute. Un jeune homme ne massacrerait pas un chien ainsi, et si c'était le cas, il serait dangereux. L'officier ne le sait pas, mais il ruminera encore cette nuit des décennies plus tard. Si seulement il avait les moyens de revenir en arrière, de faire les choses autrement. Alors, il ne jouerait plus au cow-boy solitaire, il appellerait tous les renforts possibles, cernerait chaque rue de policiers, soulèverait toutes les tuiles du toit de la maison, une par une, casserait les murs, viderait chaque buisson, chaque arbre, ne laisserait plus une part d'ombre à cette nuit de printemps ; il ferait tout pour que ce rôdeur qui l'observait du haut de ce toit, n'ait pas une seule chance de s'enfuir. Car cet homme, en ce jour de 1974, s'apprête à plonger le comté de Sacramento dans une décennie de terreur.

I.

NUIT NOIRE

1976-1979

1.

Ses longues et étroites fenêtres horizontales en forme de meurtrières lui donnent l'air d'un château inébranlable. Le Département du shérif de Sacramento est installé au 711 G Street, en plein centre-ville de la capitale de la Californie. Le message ne saurait être plus clair : c'est ici que commence l'application de la loi dans tout le comté, et cette loi ne saurait être discutée. Les bureaux des policiers en charge des meurtres, des cambriolages et des délits mineurs se trouvent au troisième étage. C'est aussi là que, dans une petite pièce où s'entassent une chaise et une table, travaille désormais Richard Shelby. En se penchant depuis le couloir, on peut voir son mètre quatre-vingt-dix attablé derrière une machine à écrire grise, de la marque Royal. La plupart du temps, il est vêtu d'une chemisette blanche et d'une cravate aux motifs psychédéliques. Ses cheveux noirs sont coiffés comme une vague sur la partie droite de son visage, et ses rouflaquettes descendent jusqu'au bord de sa mâchoire, comme c'est maintenant la mode.

Depuis ses rondes à Rancho Cordova il y a deux ans, l'ancien officier de patrouille a pris du galon : il est devenu inspecteur. L'homme a la réputation d'être un enquêteur redoutable. Du genre qui n'hésite pas à plonger dans les poubelles des quartiers et remuer la ville de fond en comble afin de trouver de nouvelles pistes. Shelby ne se sent d'ailleurs vraiment à l'aise que là-bas, dehors, les deux pieds foulant les rues goudronnées du comté de Sacramento, et la main fermée comme un poing d'acier tapant sur les portes. Il a le tempérament brûlant de ceux qui explosent lorsqu'ils sont enfermés dans un bureau.

Ce matin du 5 octobre 1976, Shelby souffle sur sa tasse de café, à la cafétéria du Département du shérif. Il écoute les discussions de ceux qui embauchent et les « au revoir » de ceux qui ont travaillé la nuit et rentrent se coucher. Aujourd'hui, une voix s'élève au-dessus des autres. Le capitaine Stamm, un vétéran de la guerre de Corée à la chevelure clairsemée, raconte qu'une jeune femme vient d'être agressée chez elle, à Citrus Heights – une banlieue de Sacramento. Elle a été ligotée, bâillonnée, puis violée. On n'a aucune trace de l'agresseur. Un policier est déjà sur place, mais il faudrait que deux autres inspecteurs le rejoignent. Le capitaine pointe du doigt Richard Shelby, trente-huit ans maintenant, et une détective aux yeux bleu océan, Carol Daly, trente-six ans.

Les deux inspecteurs montent dans leur voiture et traversent la vingtaine de kilomètres qui séparent le nord de la ville de cette banlieue de classe moyenne, similaire à Rancho Cordova : des habitations de plain-pied, aux toits qui penchent doucement, et des façades ouvertes sur les rues, comme autant d'invitations à y entrer. Le soleil est déjà haut dans le ciel lorsqu'ils arrivent devant une maison blanche toute en longueur, sur Woodpark Way. Un garage avale la moitié de la façade avant ; à l'arrière, une piscine gonflable renseigne sur la présence d'enfants en bas âge. Jane est chez sa voisine. Ses cheveux sont en bataille, et des taches rouges teignent le haut de sa chemise. Ses deux poignets saignent encore d'avoir été attachés si serrés. Le regard vissé au sol, elle entame le récit de sa matinée. Son mari, un capitaine de l'Air Force, est parti aux alentours de six heures et demie du matin.

Son fils de trois ans a grimpé dans son lit. À peine quelques minutes plus tard, elle a entendu la porte du garage se fermer, et des pas rapides résonner sur le sol. Elle a pensé que son mari avait peut-être oublié quelque chose, puis elle a vu la porte de sa chambre s'ouvrir. Le visage dissimulé par une cagoule, un homme a fait irruption dans la pièce, un couteau de boucher à la main.

Jane a crié et il s'est jeté sur elle avant de lâcher, entre ses dents serrées :

— Tais-toi ! Je veux juste ton argent. Je ne te ferai pas de mal. Tais-toi et ne bouge pas. Si tu ne coopères pas, j'ai un couteau.

Puis :

— Si tu ne fais pas ce que je te dis, je vous tue, toi et ton fils.

L'homme à la cagoule a alors sorti des lacets noirs et attaché les poignets de Jane d'un nœud de diamant – un nœud marin –, il a bâillonné la femme et l'enfant, leur a bandé les yeux et attaché les pieds. Jane se rappelle avoir roulé lentement sur le lit pour toucher son fils et le réconforter, mais ne pas avoir senti sa présence. Elle s'est demandée : « Mais qu'a-t-il fait de lui ? Est-il encore vivant ? Va-t-il nous tuer tous les deux ? » Elle a entendu le cambrioleur fouiller dans ses placards en marmonnant des mots inintelligibles. Elle a perçu le bruit de ses pas feutrés aller et venir dans la pièce. Et a fini par sentir, dans ses mains ligotées, une petite chose visqueuse, graissée d'une lotion lubrifiante.

L'homme s'est remis à parler :

— Joue avec.

Jane a obéi. Il lui a ensuite détaché les pieds. Et elle se souvient très bien d'avoir pensé : « Oh, non, tout sauf ça. »

Richard Shelby et Carol Daly notent tout dans leurs carnets. Jane leur dit qu'après le viol, l'homme est parti dans la cuisine. Elle l'a entendu ouvrir le réfrigérateur, et déplacer les casseroles et les poêles. Elle a eu l'impression qu'il se cuisinait quelque chose. Enfin, au bout d'une demi-heure de silence, elle a réussi à enlever le bâillon et à faire descendre le bandeau de ses yeux. Jane a vu son fils allongé à quelques mètres d'elle, endormi. Elle l'a réveillé et, les chevilles de nouveau liées, mère et fils ont sautillé jusqu'à la porte coulissante à l'arrière de la maison. Il ne s'est pas passé plus de quelques secondes avant qu'une voisine ne vienne à leur rescousse.

Pendant que sa collègue recueille la suite du témoignage de la victime, Shelby inspecte les alentours de la maison. Il remonte jusqu'à

Shadow Brook Way, une rue séparée de la maison de Jane par un terrain défraîchi. Un habitant de la rue lui apprend qu'une Chevrolet Coupe verte a été aperçue ici, ce matin. Le sergent découvre aussi qu'un drôle de cambrioleur a sévi dans le coin, les semaines précédentes. Il volait des bibelots et des bijoux de pacotille dans une maison, et les laissait ensuite dans une autre, dans laquelle il volait à nouveau des objets sans valeur. Il donnait l'impression, ainsi, de faire du troc avec les affaires des uns et des autres. Jane avait été l'une de ses victimes. On lui avait pris une paire de boucles d'oreilles et un bracelet. Elle ne s'en serait pas rendu compte si elle n'avait pas découvert, à côté de sa boîte à bijoux, d'autres breloques qui ne lui appartenaient pas. Le cambrioleur était passé par la chambre de son fils, comme le violeur quelques jours plus tard.

En remontant vers la maison blanche de Jane, Richard Shelby affiche un air inquiet. Il se demande si l'affaire n'est pas davantage qu'un énième crime dans une ville qui digère son lot, jour après jour, de destins brisés et de vies interrompues. Cet homme à la cagoule sombre n'a rien du criminel qui a obéi à une pulsion soudaine. Il connaissait les horaires du mari, il savait par où entrer et comment s'évaporer sans que personne ne le voie. Il avait un plan pensé en amont. Un violeur classique n'a pas ce mode opératoire. Richard Shelby a ce pressentiment : que cela soit ici, dans les rues paisibles de Citrus Heights et de ses alentours, ou ailleurs aux États-Unis, cet homme a déjà violé.

De retour au troisième étage du Département, le sergent se renseigne pour savoir si quelqu'un a eu à traiter, récemment, une affaire de viol. Une affaire comme celle de Jane. Une jeune femme attachée, bâillonnée et violée. Et un suspect qui se cacherait derrière un passe-montagne.

Il entend alors parler de ce dossier que gère un collègue. Une jeune femme de vingt-deux ans, à Paseo Drive, à Rancho Cordova, s'est réveillée le 18 juin dernier avec un homme en face d'elle, debout dans sa chambre. Il portait un tee-shirt bleu foncé, et une cagoule blanche tricotée main. Il lui a attaché les mains si serrées qu'elle a eu l'impression d'avoir été amputée. Il avait un pénis de petite taille, qu'il avait lui-même lubrifié d'une lotion pour enfant – Johnson's Baby Oil. Il y a aussi cette jeune fille de quinze ans, qui a senti un homme s'allonger sur elle en pleine nuit. C'était le 17 juillet, vers deux heures du matin. L'adolescente vit à quinze minutes de voiture de la première victime, dans la ville de Carmichael. Ses parents étaient partis faire une randonnée de quatre jours. L'homme lui a lié les mains, puis s'est collé derrière elle. Il a dit : « Joue avec. »

Un autre détective lui raconte encore cette affaire : une mère de quarante et un ans sur Malaga Way, à Rancho Cordova, a été réveillée par sa fille de douze ans après que celle-ci a aperçu un homme masqué l'observer par la fenêtre ouverte de sa chambre. Sa mère, partie vérifier, n'a rien vu, mais a senti une odeur d'après-rasage. Elle a alors bondi dans la chambre de sa seconde fille, pour la réveiller. En revenant dans la première pièce, elle a vu l'homme la fixer par la fenêtre. Quelques secondes plus tard, il était derrière elle, dans le couloir. Il portait une cagoule, tenait un pistolet dans la main, et n'avait ni pantalon ni sous-vêtement. La femme s'est débattue, et l'homme a pris la fuite.

Enfin, il y a cette femme de vingt-neuf ans, encore à Carmichael, qui s'est fait agresser dans sa maison par un homme à la cagoule grise, et au couteau aiguisé. C'était un mois plus tôt, le 4 septembre. Le violeur lui avait attaché les poignets avec des lacets blancs, et lui avait dit : « Fais ça bien, ou je te tue. »

Le même mode opératoire, le même homme d'un mètre quatre-vingts à la cagoule, les mêmes menaces, la même obsession pour les lubrifiants, les mêmes banlieues de l'est de Sacramento. Richard Shelby encaisse chaque récit comme autant de coups de poing. Il n'entend plus les sonneries stridentes des téléphones, ne fait plus attention aux discussions autour de lui, ne perçoit plus les cliquetis des machines à écrire. Il se tourne vers ses collègues et leur dit : « Je crois qu'on a un putain de violeur en série sur les bras. »

Si les détectives se serrent au troisième étage, c'est au quatrième que se trouvent les bureaux des pontes du Département du shérif de Sacramento. Shelby sait qu'il n'est pas le bienvenu là-haut. Ses relations avec la hiérarchie, en particulier le shérif adjoint, sont exécrables et gangrenées par des années de mots hauts et de coups bas. Il a la réputation d'être une tête brûlée. Alors, quand il informe son lieutenant de sa découverte, il n'est pas surpris de voir ce dernier rester de marbre. L'officier hoche la tête, mais ne pose aucune question. Il ira en parler lui-même aux gradés du quatrième, dit-il. Quelque temps plus tard, on transmet à Richard Shelby la réponse du shérif, Duane Lowe :

on ne communique les faits à personne. Il faut arrêter cet homme avant que l'affaire ne s'ébruite et n'effraie la ville. Les journalistes, dont la relation avec la police est aussi entremêlée qu'une glycine aux barreaux d'une vieille maison, sont briefés aussi : ils ont interdiction de publier la moindre information sur ce violeur. Ils doivent laisser mourir les éventuelles rumeurs d'elles-mêmes. Pour le bien de l'enquête et pour éviter les *copycats*, comme on appelle ces criminels qui copient le mode opératoire d'autres criminels devenus célèbres. Les flics disent qu'ils l'attraperont bien assez tôt et que l'histoire sera alors publiable.

Mais aussitôt surviennent ces deux dates qui chamboulent tout.

Le 9 octobre, d'abord. Quatre jours après le viol de Jane, à 4 h 30 du matin, une femme de dix-neuf ans est agressée par un homme cagoulé, à Rancho Cordova. Le 18 octobre, ensuite. Deux autres femmes sont violées à leur tour. L'une à Carmichael, l'autre à Rancho Cordova. À vol d'oiseau, elles ne sont qu'à une poignée de minutes l'une de l'autre.

Richard Shelby sent que l'affaire lui échappe, qu'elle commence à exploser. La rumeur enfle : si l'on avait prévenu les citoyens de ce qu'il se passait dans leurs rues la nuit, ces trois agressions auraient pu être évitées. Le shérif, Duane Lowe, n'a d'autre choix que de médiatiser l'affaire. Il demande à Richard Shelby et Carol Daly d'organiser deux réunions publiques. La première se tient à l'école primaire Del Dayo, à Carmichael, le 3 novembre. Cinq cents personnes sont présentes. Elles ont l'air de s'être apprêtées comme pour une soirée. Les hommes, sortis du bureau, portent encore pour beaucoup leurs chemises blanches et leurs vestes ; les femmes arborent des brushings parfaits. Certains couples sont venus avec des carnets pour prendre des notes. Carol Daly prend la parole. Elle saute les détails, mais confirme les faits. Un homme s'attaque bien aux femmes du comté de Sacramento, à la nuit tombée. « Cet homme est un violeur, et il est très dangereux. Il rentre par les fenêtres que vous laissez ouvertes la nuit, et par les portes que vous ne verrouillez pas. Il trouve les doubles des clefs que vous laissez dans vos boîtes aux lettres ou sous un caillou pour vos enfants. Il sait comment vous vivez, il connaît vos habitudes. Fermez vos rideaux. Enfermez-vous. Surveillez votre quartier. Et au moindre soupçon, appelez-nous. »

Quelques heures plus tard, le *Sacramento Bee*, le journal local, part à l'impression. Au-dessus d'une chronique judiciaire, ce titre en lettres capitales : « L'HOMME SOUPÇONNÉ DE HUIT VIOLS RECHERCHÉ ». Les journalistes lui ont aussi trouvé un surnom : l'« *East Area Rapist* » – « le Violeur de l'est ».

2.

Richard Shelby habite pile au milieu de la zone de prédilection du criminel, à Rancho Cordova. Il vit au 2308 El Manto Drive avec Eleanor, sa femme, et leurs deux enfants, Brian et Tom. Une maison de plain-pied avec plusieurs chambres, et un salon où s'empilent les livres. À l'arrière, un barbecue de pierre, construit par le détective, donne sur une étendue verte aussi grande qu'un terrain de football. Un pavillon familial typique de l'Amérique tranquille et prospère. Seulement, Shelby maudit ce quartier depuis le premier jour. Il ne l'aimait pas avant que l'East Area Rapist y rôde la nuit. Il l'aime encore moins maintenant. Il ne supporte plus ces maisons collées les unes aux autres comme une dentition parfaite, et ces voisins qui observent l'intérieur des habitations du coin de l'œil en passant devant. Lui, préfère le grand air, les espaces vides, les lieux où l'on vous entend arriver des mètres à l'avance, la faute aux pneus de votre voiture qui écrasent le gravier. Il avait repéré une maison dans le désert plus à l'est, dans le Nevada, mais sa femme a refusé de s'y installer. Elle craignait les visiteurs nocturnes.

C'est dans un coin désertique comme celui qu'il visait qu'a grandi Richard Shelby : la vallée de San Joaquin. Une vaste étendue saturée de champs de blé et peuplée de quelques villes seulement, au centre de la Californie. La sienne se nomme McSwain. Ce n'est pas grand-chose de plus qu'une épicerie entourée de quelques fermes. À McSwain, les Shelby habitent une ancienne laiterie, reconnaissable à son épaisse porte en bois et à ses trois eucalyptus géants à l'arrière. Comme le père de Shelby, un homme dur originaire de l'Oklahoma, les habitants de McSwain vivent dans le mythe de l'Ouest viril, auquel ils tentent de rester fidèles. Ici, les hommes ne pleurent pas, et ont la gâchette facile. C'est un lieu dur qui vous transforme la peau des mains en cuir, et le mental en un coffre dont on aurait jeté la clef. Les enfants sont élevés dans la même mythologie : il arrive que Richard Shelby et ses camarades, alors âgés d'une dizaine d'années, se rendent à l'école le fusil ou le pistolet à la ceinture, et qu'ils canardent quelques buissons ou chassent le gibier après les cours. La maîtresse leur demande alors seulement de laisser leurs armes contre les murs de la classe et de ne pas y toucher : on ne prive pas un homme de son arme, même si celui-ci a dix ans.

Parmi tous ces hommes durs dont il entend ou observe les exploits, Richard Shelby élit bientôt son modèle : ce sera son oncle Hoyt. Un homme parti de rien au siècle dernier, et devenu shérif à la seule force de son courage et de sa persévérance. Surtout, l'oncle Hoyt ne connaît pas la peur. Richard Shelby a encore en tête ce jour d'orage où il a voyagé avec lui en voiture. Le vent secouait l'habitacle, la pluie battait le pare-brise, la foudre aveuglait la route. Mais le vieil homme conduisait comme si rien de cela n'existait. Quand un éclair avait frappé un poteau téléphonique juste à côté d'eux, l'oncle Hoyt avait même joué du volant en riant, empêchant la voiture de faire une embardée, avant de continuer son chemin, imperturbable. Depuis ce jour, Richard Shelby l'a toujours su : plus tard, il sera comme l'oncle Hoyt.

C'est donc logiquement que l'école terminée, Shelby tente les concours pour devenir officier de police. Il a deux vœux : être affecté dans un comté le plus loin possible du centre-ville de Sacramento, et porter l'uniforme. Les deux lui sont refusés. Il lui manque un bout du majeur de la main gauche depuis qu'un ami lui a tiré dessus au cours d'une partie de chasse, et les règles sont claires : il faut aux policiers leurs dix doigts pour porter l'insigne. Le lendemain de son échec, pourtant, il est rappelé. L'Amérique est en guerre au Vietnam et, chaque jour, ses GI reviennent déboussolés, ou morts, rapatriés dans des cercueils en bois. On manque de policiers. Richard fera l'affaire. Le 1er août 1966, il devient officiellement policier. Mais on ne peut pas tout avoir : il est affecté au centre-ville de Sacramento.

Dix ans désormais qu'il parcourt la région de long en large. Qu'il en connaît les moindres recoins, entre son lieu de travail et son lieu d'habitation. Et pourtant, l'East Area Rapist lui échappe. Il a même dû se résoudre à afficher une carte du comté de Sacramento au mur de son bureau. Chacune des huit victimes y est représentée par un point rouge. Richard Shelby s'aperçoit que le terrain de chasse du violeur est un petit cercle que l'on pourrait traverser en un gros quart d'heure en voiture. Il ne s'éloigne jamais des villes de Rancho Cordova, Carmichael et Citrus Heights, trois banlieues de Sacramento, et donne l'impression de s'y mouvoir comme s'il y avait couru toute sa jeunesse. Par sa manière d'arriver et de s'échapper sans que personne ne l'aperçoive jamais, le détective en conclut qu'il connaît les avenues, les passages, les canaux et même les fossés souterrains comme sa poche. Shelby en est persuadé : l'homme est d'ici. Et il pourrait d'ailleurs encore y vivre.

Depuis que, le 10 novembre dernier, l'East Area Rapist a fait une neuvième victime de seize ans, à Citrus Heights, le shérif Duane Lowe ne veut plus perdre de temps. Il a créé une équipe spéciale, une « task force », dédiée à la traque du violeur. Plus de quarante personnes en font partie : des enquêteurs, une équipe d'intervention tactique, une brigade canine, une équipe scientifique et des équipes de rue qui se camouflent parmi les passants, se cachent dans les fossés ou les arbres, et attendent désespérément dans l'ombre que l'homme se montre. On les surnomme les « *X-Ray Units* ».

Deux détectives, un homme et une femme, ont même investi une maison de Rancho Cordova. Ils y miment une vie normale, une partie de la journée, et y dorment la nuit, dans l'espoir d'attirer le regard de l'East Area Rapist. Carol Daly fait partie de cette task force. Elle était sur plusieurs scènes de crime et les réunions publiques qu'elle a organisées ont fait d'elle l'un des visages de l'enquête auprès des médias. Richard Shelby, lui, fait cavalier seul. Ses supérieurs lui ont accordé la permission d'avoir le champ libre pour enquêter de son côté : qu'il continue ses rondes, interrogatoires de rue, et analyse chaque lieu par où le criminel est passé. Il a carte blanche.

Shelby passe et repasse sur les scènes de crime, inlassablement. Il comprend que le rôdeur se faufile la plupart du temps par l'arrière des résidences, qu'il escalade les clôtures, puis qu'il se cache dans l'ombre de buissons, attendant son heure. Il semble, aussi, au courant de l'emploi du temps de ses victimes ; ce qui signifie soit qu'il les connaît personnellement, soit qu'il les surveille des jours durant. L'East Area Rapist n'attaque pas au hasard. Il téléphone régulièrement à ses victimes dans les jours qui précèdent le crime. On entend seulement un souffle rauque à l'autre bout de la ligne, quelques secondes, puis le bruit d'un combiné que l'on raccroche. Il cambriole également les domiciles avant les attaques : il fouille, déplace des objets, remue les tiroirs de lingerie, vole des bijoux. On retrouve parfois le butin sur un toit voisin. Shelby se demande pourquoi, jusqu'au jour où il comprend : en réalité, l'homme ne les jette pas depuis le jardin ; il les perd en rampant sur ces toitures.

Les témoignages des victimes ont permis au détective de dresser un portrait-robot du violeur à la cagoule. Monsieur Tout-le-monde, ou presque : il a la vingtaine, mesure un mètre quatre-vingts, affiche une corpulence moyenne. Signes distinctifs : des jambes aux mollets très musclés et velus, et un sexe de petite taille. Sa voix grave semble parfois forcée. Et il lui arrive de bégayer ou de se parler à lui-même, comme s'il était en proie à une bataille intérieure. Son mode opératoire est identique depuis le début : il attaque ses victimes lorsqu'elles sont endormies, une cagoule sur le visage, et leur attache les mains. Il saccage la maison et se confectionne, après les viols, quelques plats en vidant les placards de la cuisine. Il descend aussi des bières, parfois.

Qui peut-il être ? Richard Shelby a noté que l'homme qu'il recherche a une appétence pour les treillis et les vêtements vert kaki ; qu'il sait manier des couteaux et faire des nœuds indémêlables. Alors, l'hypothèse fait son chemin. Et s'il s'agissait d'un militaire ? D'un vétéran du Vietnam ? Cinq bases militaires sont installées dans la région de Sacramento. Rien qu'à Mather, celle de l'Air Force, à quelques minutes de Rancho Cordova, où plusieurs milliers de soldats sont déployés. Cela expliquerait la facilité qu'a l'homme à s'évaporer dans la nature sitôt son crime commis. Il n'est pas le seul à s'être fait la remarque. Le Département du shérif a appelé un colonel des bérets verts, les forces spéciales américaines, afin qu'il vienne prodiguer des conseils aux détectives. Celui-ci leur a dit : « Regardez là où vous pensez qu'il ne sera pas. Regardez les toits, les buissons, dans les arbres ; regardez dans les endroits les plus insolites, et si vous ne le voyez pas, cela ne veut pas dire qu'il n'est pas, lui, en train de vous regarder à l'instant même. S'il est entraîné, il peut rester des heures dans la même position, immobile et silencieux. Imaginez-le comme un serpent ou un léopard, tapi dans l'ombre, et qui attend son tour. »

Richard Shelby jongle avec tous ces éléments quand, le 18 décembre 1976, à vingt et une heure, il est appelé sur une nouvelle scène de crime.

La victime s'appelle Kris MacFarlane. Elle a quinze ans. Elle était seule chez elle, installée au piano, ses parents partis à une soirée de Noël chez des amis, quand elle a senti sur sa gorge le froid d'une lame. Puis, très vite, ces mots :

« Lève-toi, et si tu tentes le moindre geste, je ferai glisser le couteau le long de ta gorge, et je disparaîtrai dans la nuit. »

L'individu lui a ensuite attaché les poignets avec des lacets, et l'a faite asseoir sur le banc du jardin, à l'arrière de la maison. Les minutes suivantes, elle l'a entendu, depuis l'intérieur de la maison, faire claquer les placards de cuisine et secouer les tiroirs dans tous les sens. Puis elle a senti l'homme revenir vers elle, et elle est devenue la dixième victime.

3.

Les semaines passent, les titres s'enchaînent. Le 24 janvier 1977, le *Sacramento Bee* affiche à la une : « LE VIOLEUR A ENCORE FRAPPÉ ». Le 7 février : « UNE NOUVELLE ATTAQUE DE L'EAST AREA RAPIST ? ». Le 8 mars : « UN NOUVEAU VIOL LIÉ À LA SÉRIE ? ».

Lorsqu'arrive le printemps 1977, le palmarès de l'East Area Rapist est terrifiant : en neuf mois, la police décompte quatorze viols. Après chacun d'entre eux, le porte-parole du Département s'avance devant la presse et constate, d'un ton résigné : « C'est le même mode opératoire que pour les autres crimes. » Entre eux, les enquêteurs commencent à prendre au sérieux cette phrase que le violeur répète comme un mantra avant chaque agression : « Je disparaîtrai dans la nuit. »

La ville se barricade. Les fenêtres, qui restaient autrefois ouvertes à la nuit tombée pour accueillir la fraîcheur de l'American River, sont désormais closes. Les portes sont fermées à double tour. Les magasins de bricolage voient affluer des clients venus s'acheter de nouvelles serrures, plus sophistiquées, moins fragiles, et installer des systèmes d'alarme dernier cri. Certains fixent même des barreaux aux fenêtres, devant lesquelles ils placent des chiens de garde. Des policiers experts en sécurité ont monté des réunions citoyennes pour apprendre aux habitants à sécuriser leurs maisons avec les moyens du bord. L'un d'entre eux leur a expliqué : « Mettez des clochettes aux portes, aux fenêtres. Installez des fils devant les entrées et accrochez-les à vos tables de nuit ; vous saurez alors si quelqu'un rentre chez vous. » La nuit, des hélicoptères survolent la ville. On entend leurs pales résonner dans le ciel. On les voit, aussi : les engins projettent une lumière si puissante que des rayons transpercent chaque centimètre d'intimité des jardins et des bois autour des maisons.

Derrière les murs, la même prudence, les mêmes subterfuges. Battes de base-ball, marteaux, revolvers sont cachés sous les sommiers. Dans telle maison, les habitants ont recouvert leurs lits de manteaux et vêtements en tous genres dans l'espoir de donner l'impression que personne ne dort sous les couettes. Dans telle autre, il a été décidé d'instaurer un système de rondes, afin que l'un des deux adultes soit toujours en alerte. Dans une troisième, le père de la famille passe ses nuits sur le canapé du salon, arme à la main, prêt à détecter la moindre tentative d'intrusion. Une quatrième famille a tout bonnement quitté sa résidence et pris une chambre dans un motel. Aux voisins, ils ont dit qu'ils ne rentreraient que lorsque le coupable serait arrêté.

Les ventes d'armes explosent : cinq mille de plus seront vendues en 1977 dans le comté par rapport à l'année précédente. Là où les nuits avaient toujours été calmes, on entend parfois, désormais, des coups de feu résonner dans ces banlieues pavillonnaires tranquilles de Sacramento : des maris qui rentrent de soirée ivres, ou des jeunes de retour de fête, en sont les victimes. Les postiers, les livreurs de lait, les jardiniers en font aussi les frais. Au petit matin, on les accueille sur les porches, le regard méfiant, une arme cachée dans le dos. Des patrouilles de civils se sont montées. Équipés de radio de police, ces citoyens vigilants organisent des rondes.

Ils s'appellent entre eux la « EARS Surveillance Patrol », la Patrouille de l'East Area Rapist, et ils l'inscrivent en gros sur leurs voitures, comme un message à destination du violeur. Dans le *Sacramento Bee*, on peut lire, en pleine page, l'une de leurs publicités, où ils offrent quinze mille dollars pour toute information qui permettrait l'arrestation du criminel. Dans l'une des villes du comté, un mannequin a été pendu à un arbre. Il porte une cagoule, et une corde est nouée autour de son cou. Y pend un écriteau rose : « East Area Rapist ».

Mars 1977. Richard Shelby est assis sur le capot de sa voiture. Il a un pied qui touche le sol, et l'autre jambe appuyée sur le pare-chocs de sa Dodge. Il a éteint ses phares, coupé le moteur, et laissé la nuit l'avaler. Il est posté face à l'American River, une rivière bordée de conifères épais et de sycomores qui s'ouvrent comme un éventail. Elle sépare Rancho Cordova de la ville de Carmichael. C'est un lieu idéal pour passer d'une ville à l'autre sans être vu. Shelby est persuadé que c'est par là, qu'après ses crimes, l'East Area Rapist s'enfuit. Alors c'est là qu'il l'attend. Le sergent a récupéré une caméra thermique qui lui permet de voir dans l'obscurité comme en plein jour. Il cherche ces vapeurs rouges qui se dégagent d'un corps chaud, repérables à des dizaines de mètres avec ses jumelles. Il dissèque chaque chêne, chaque mouvement de l'eau, chaque reflet de lune au sol. Il écoute le silence. Viendra bien le moment où le souffle d'un homme brisera ce calme apparent.

En attendant, Shelby gamberge. Il se demande s'il a raté quelque chose. Pourquoi cette maison ? Pourquoi cette femme ? Il ressasse les rapports des quatorze affaires. Il les ouvre, les ferme, les rouvre, les referme. Il en connaît chaque page. Dort avec, se réveille avec. Le matin, au petit-déjeuner, il est courant qu'il en récite des extraits à sa femme Eleanor. Puis il se met au volant de sa voiture, et parcourt encore et encore Woodpark Way, El Segundo Drive, Ladera Way – ces rues où des viols ont été commis. C'est une règle connue de tous : un criminel revient toujours sur ses scènes de crime. Chaque visage qu'il repère, chaque silhouette qu'il croise, sont pour Shelby un suspect éventuel. Il suit toutes les pistes possibles, y compris les impossibles et les incongrues : ce voisin dont on dit qu'il a le regard insistant, le frère d'untel « qui n'est pas si clair que cela », ou cet homme qui habite au coin

« et que vous feriez mieux d'aller interroger, si vous voulez mon avis ». Des pistes qui lui donnent parfois espoir. Des pistes mortes en quelques coups d'œil, le plus souvent.

Il y a eu Arthur P. : un mètre quatre-vingts, les cheveux noirs, les yeux bleus, la démarche d'un type qui n'est pas là pour faire le bien. Lorsqu'il a reçu la visite de la police, le suspect a camouflé un couteau dans un étui en cuir. Son casier judiciaire révèle qu'il a été arrêté dans les années 1960 pour plusieurs viols dans Sacramento et qu'il est officiellement considéré comme un « délinquant sexuel mentalement désorienté ». Arthur P. a fait le Vietnam. Richard Shelby le fait surveiller des jours entiers, puis des semaines. Rien de probant.

Il y a aussi ce prêtre qu'un officier de la California Highway Patrol a surpris en train de suivre une fille en voiture, à la sortie d'un pub irlandais de Fair Oaks, au-dessus de Rancho Cordova. L'homme de foi a filé la jeune fille jusqu'à sa maison, avant de s'en aller.

Ou encore, B., un homme de trente-quatre ans, un mètre quatre-vingts, les cheveux clairs, qui s'est fait arrêter après avoir séquestré une jeune fille pendant trois heures dans le comté de Sacramento. Il l'avait attachée et lui avait bandé les yeux.

Et puis tant d'autres hommes. Des dizaines, des centaines. Des hommes aux mesures parfaites et aux vies imparfaites, dont Richard Shelby guette le moindre faux pas. En vain.

Neuf mois ont passé et toujours aucun coupable. Parfois, Richard Shelby se demande s'il est un mauvais flic ou si c'est lui, l'East Area Rapist, qui est un génie du mal. Il pourrait se trouver des excuses : le sergent a hérité d'un service de police désuet et érodé par le temps. Quand il a commencé sa carrière, le Département était sous la coupe de John Misterly, alias « Big John » ; un homme de cent trente kilos à la face de chien enragé, qui gérait les quatre étages d'une poigne puissante. L'homme s'était construit sa réputation en chassant les Hell's Angels du comté. C'était un policier efficace dans sa brutalité, mais qui ne se souciait pas du reste. Après son départ au début des années 1970, les équipements de la police sont dégradés. L'armurerie est remplie de fusils Thompson, vestiges des années 1920. Une seule voiture est équipée d'une lampe col de cygne qui permet, de nuit, d'éclairer les rues comme en plein jour. À quoi il faut ajouter la concurrence à laquelle se livrent les différents services du comté. Certains cadenassent leurs informations, car ils veulent être ceux qui attraperont l'homme. D'autres oublient de les partager, par inadvertance, ou gâchent des pistes par incompétence. Richard Shelby rumine encore ce jour où un garçon de vingt ans a appelé le Département pour dire qu'il venait de découvrir un sac caché dans le jardin de sa maison. Dedans : un masque de ski, des gants, une lampe torche. La réplique exacte de l'équipement du violeur à la cagoule. L'officier au téléphone n'avait rien trouvé de mieux à faire que répondre, d'un ton laconique : « Jetez-les. »

Si seulement il y avait des empreintes à exploiter. Mais toutes les scènes de crime ont été disséquées à la loupe et couvertes de poudre pour mettre en évidence des traces, et l'East Area Rapist n'en a laissé aucune. Pas une seule fois, pas même sur le corps des femmes qu'il agresse ; il a rarement ôté ses gants en les touchant. Le meilleur moyen serait de l'attraper en flagrant délit. Mais Richard Shelby a beau avoir décrypté tous les rapports, analysé chaque trace du violeur, percé son mode opératoire, mémorisé les lieux où il frappe, ce dernier n'est jamais là où on l'attend. Il esquive les embuscades des policiers comme s'il les devinait à l'avance.

À tel point que le sergent a parfois le sentiment que c'est comme si l'homme pouvait écouter au-dessus de son épaule. Comme s'il était là, parmi eux, à chaque instant. Il se le demande, parfois : et si l'East Area Rapist était un policier du comté de Sacramento ?

Il y a cette histoire qui le fait douter. Un soir, une femme avait cru voir quelqu'un rôder autour de sa maison sur Sunrise Boulevard, près de l'American River. Richard Shelby était arrivé le premier chez elle. Mais, en lui ouvrant sa porte, la femme avait pris une mine étonnée. Elle était persuadée qu'un policier fouillait déjà dans les parages à la recherche du rôdeur. Elle avait entendu, quelques minutes plus tôt, une radio de police grésiller près de ses fenêtres.

L'une des seules pistes du Département est une goutte de sang appartenant au violeur, récupérée sur les cheveux de l'une de ses victimes – en l'agressant, il se serait blessé. Sur la base de ces doutes, il a été décidé d'analyser le groupe sanguin d'une centaine de policiers du comté dont le physique correspond plus ou moins à celui du portrait-robot de l'East Area Rapist. Tous se prêtent à l'exercice. Quelques jours plus tard, les résultats reviennent. Ils sont tous négatifs et parmi ceux qui partagent le même groupe sanguin que le criminel, aucun n'est le violeur. Si le coupable est policier, il ne l'est pas ici, à Sacramento.

Poursuivre l'East Area Rapist donne parfois à Richard Shelby l'impression de courir après un mirage. Un homme sans visage, sans nom et sans passé. Pourtant, depuis quelques semaines, il a repris espoir. Le détective détient un nouveau portrait-robot dessiné. Sur celui-ci, le suspect, vêtu d'un treillis militaire, a les yeux plissés et une fine mèche blonde peignée sur le côté. La piste lui a été apportée par deux inspecteurs de Visalia, une ville à quatre heures de route de Sacramento. Les deux hommes disent que cela pourrait bien être le visage de l'East Area Rapist.

4.

John Vaughan a l'aspect massif et stéréotypé de ces Américains ruraux nourris au bœuf et au maïs. William McGowen, plus jeune, la trentaine, porte ses cheveux noirs plaqués sur le côté et parle d'une voix douce, en ouvrant à peine les lèvres. Deux types de flics différents, mais qui portent le même message auprès de Shelby : chez eux, là-bas, dans le Sud, ils ont une affaire qui ressemble beaucoup à celle qui terrorise le comté de Sacramento. Eux ont surnommé leur suspect le « *Visalia Ransacker* » – le « Pilleur de Visalia ».

C'est il y a trois ans, très exactement au mois d'avril 1974, près de l'université publique de Visalia, que cela a démarré. Chaque semaine, et bientôt chaque soir, des maisons vides

des rues pavillonnaires sont visitées par un étrange cambrioleur. Il ne vole rien de grande valeur mais saccage les pièces. Il abîme les vêtements, dérange les affaires et, fait encore plus étrange, est obsédé par les photos de famille. Il les déplace, les découpe, les arrache, jette les cadres contre les murs des maisons, et emporte avec lui les portraits qui lui plaisent. Le cambrioleur semble aussi se passionner pour les sous-vêtements féminins. Il les sort de leurs tiroirs et les expose sur les lits comme pour leur donner une silhouette, ou les dispose en ligne tout au long des couloirs de la maison, comme une piste à suivre. Enfin, les familles retrouvent parfois des traces de sperme dans les chambres et remarquent que leurs lotions pour les mains ont été utilisées.

Le cambrioleur a commencé par visiter une maison par semaine, deux au maximum. Puis la cadence s'est accélérée. Quatre, cinq, six maisons, parfois. En quinze mois, plus de quatre-vingts maisons ont été cambriolées. Le record a été établi un week-end de Thanksgiving : treize maisons pillées en deux jours. Le *modus operandi* est toujours le même : l'homme anticipe ses sorties, s'assurant d'avoir une issue par laquelle s'enfuir, et installe de la petite porcelaine ou une chaise en équilibre devant les portes d'entrée. Les bruits de tasses qui se brisent sont devenus une alerte pour les habitants d'ici. Elles signifient : le Visalia Ransacker est dans le coin.

Et puis, le 11 septembre 1975, poursuivent Vaughan et McGowen, l'affaire passe dans une autre dimension. Il est deux heures du matin quand une jeune adolescente de seize ans sent une main lui bâillonner la bouche. Face à elle, un homme, le visage caché par une cagoule noire et revolver au poing, lui ordonne de le suivre dans le jardin. Le bruit réveille le père de l'adolescente, Claude Snelling, un professeur de journalisme. Alors que ce dernier se rue dans le jardin, l'homme à la cagoule fait feu sur lui à deux reprises. Il pointe ensuite le revolver sur la jeune fille, la frappe violemment et s'enfuit en courant. Claude Snelling meurt avant d'avoir pu arriver à l'hôpital. Ce soir-là, le Visalia Ransacker change de statut. Il est désormais un meurtrier. Ses cambriolages précédents sont disséqués à nouveau, comme des scènes de crime, cette fois. On analyse chaque trace de pas, chaque empreinte. Un ponte de la psychiatrie, le Dr. Joël Fort, qui deviendra célèbre deux ans plus tard pour avoir conduit des interviews avec Charles Manson, est chargé d'analyser le comportement du meurtrier. Il dresse le portrait d'un « suspect qui est avant tout un rôdeur et un voyeur », chez qui « le cambriolage est secondaire », et dont « la motivation première est le crime sexuel. Il ne doit pas attirer l'attention sur lui [...] et mène une vie solitaire, sans amis proches ou relations sociales. C'est sûrement quelqu'un qui vit dans le quartier depuis longtemps, mais les voisins en savent très peu sur lui. C'est un solitaire. »

William McGowen, le jeune flic de Visalia, sait par des parents que des empreintes de pas ont été retrouvées à trois reprises sous la fenêtre de leurs filles de dix-neuf ans, sur West Kaweah Avenue. Il y a établi une planque, dans le garage donnant sur la rue. Alors que la nuit glisse sur les rues de la ville, il entraperçoit un homme passer devant le garage et longer la maison. Il a la carrure épaisse, porte un jean bleu, une veste de camouflage et une cagoule noire relevée sur son front. McGowen en est persuadé : il est face au Visalia Ransacker. Il dégaine son revolver, s'approche discrètement et braque son arme sur le rôdeur. L'homme hurle : « Mon Dieu ! Ne me faites pas de mal ! » La voix monte dans les aigus. À chaque mot, l'intrus bouge d'un pas. Il va à gauche, à droite, s'avance, recule. McGowen tire à terre.

Un pas de plus dans la mauvaise direction, prévient-il, et il visera le cœur. « J'abandonne ! » crie le rôdeur. Il lève la main droite en l'air. « Vous voyez, vous m'avez eu. » Mais, dans le même mouvement, il dégaine à son tour et tire sur l'agent. Les deux hommes se retrouvent instantanément dans le noir. Le rôdeur a explosé d'une balle la lampe torche de McGowen. La détonation a alerté un collègue du policier, qui envoie le message suivant par radio : « Le Visalia Ransacker est ici. Bloquez tout. » Bientôt, plus de quarante policiers quadrillent le quartier, chiens renifleurs au bout des laisses. Chaque buisson est fouillé. Mais le Visalia Ransacker s'est volatilisé.

Un peu plus d'un an après, les trois inspecteurs se tiennent face à face, dans le petit bureau de Richard Shelby. Le sergent de Sacramento a écouté les deux hommes attentivement. Ce cambrioleur qui ne vole pas, a un penchant pervers pour les sous-vêtements féminins, use et abuse des lotions lubrifiantes de ses victimes, et porte une cagoule sombre percée de deux trous pour les yeux, correspond à l'homme qu'il traque sans le trouver. Il observe le portrait-robot que les flics de Visalia ont apporté avec eux.

Ces yeux en amande, ces joues épaisses, ces cheveux de paille brossés sur le côté ne l'impressionnent pas. Il a le sentiment d'être face à un adolescent qui aurait passé trop de temps dans un magasin de donuts.

Il demande aux deux inspecteurs ce qu'il s'est passé après le face-à-face. Les détectives soupirent, et lui disent avec le ton lourd, que le Visalia Ransacker est soupçonné d'avoir ensuite saccagé deux maisons, puis qu'il a disparu de la circulation. Son portrait-robot était désormais affiché sur toutes les pages des journaux locaux et punaisé dans chaque bureau de police. S'il avait continué, ils l'auraient coincé. Leur théorie : il a quitté la région. Richard Shelby rejette un coup d'œil aux dates. La dernière apparition du criminel à Visalia remonte à décembre 1975. Six mois plus tard, la série des viols démarrait dans le comté de Sacramento.

5.

Si le Visalia Ransacker et l'East Area Rapist sont un seul et même homme, alors ça ne fait que confirmer la théorie que les policiers du Département du shérif de Sacramento ont développée à propos de la Californie des années 1960 et 1970 : leur territoire est un aimant. Un aimant qui attire les tueurs sanglants, violeurs et sociopathes de toute l'Amérique. Il y a les affaires que tout le monde connaît, bien sûr : comme celle de Charles Manson, ce gourou de Los Angeles aux cheveux noirs hirsutes, dont on disait qu'il avait le regard du Diable, et qui avait envoyé en 1969 certains de ses disciples adolescents tuer l'actrice Sharon Tate et ses amis dans un massacre aux relents de rite semi-satanique ; ou celle du Zodiac, cet assassin qui compte, officiellement, cinq meurtres et nargue depuis des années la police et les médias locaux en leur envoyant, après chaque crime, des lettres et cryptogrammes à déchiffrer ; il signe d'un rond barré d'une croix, comme une cible. Mais s'il n'y avait que ça. À l'ombre des médias s'opèrent des affaires tout aussi terribles et nombreuses : le *Stinky Rapist*, un violeur à la forte odeur d'essence, responsable de dizaines de viols à Berkeley, près de San Francisco, dans les années 1970 ; le *Pillowcase Rapist*, qui écrase le visage de ses victimes avec un oreiller ; ou encore le *Sacramento Vampire*, un tueur qui tue et boit le sang de ses victimes, puis prélève certains de leurs organes afin de les manger. Comment est-il possible que la Californie, cet éden du rêve américain, cette promesse d'amour, de soleil et de vie nouvelle, ait versé dans l'horreur ? Accoudés au comptoir du Marie Donut's ou du Pine Cove, les QG qui leur servent de soupape, les policiers de Sacramento terminent souvent leurs nuits avec cette question. Aussi souvent, ils rentrent chez eux sans la réponse.

Richard Shelby le sent bien : l'homme qu'il traque appartient à cette funeste catégorie. Une chose l'inquiète particulièrement : plus les mois passent, et plus le criminel semble gagner en confiance. Il avait autrefois pour particularité d'être invisible. Désormais, lorsqu'il est repéré, l'homme s'arrête parfois quelques secondes, comme par défi, puis repart d'un pas tranquille et disparaît. Certains racontent même l'avoir vu à bicyclette, un passe-montagne sur le visage, rouler dans les rues de Rancho Cordova, en pleine nuit, l'air de rien. Une autre fois, il n'a pas hésité à prendre en chasse à vélo une femme qui rentrait chez elle en voiture. Elle accélérait pour le semer, mais l'homme à la cagoule semblait infatigable. À chaque fois qu'elle lâchait l'accélérateur, elle voyait cette tache noire mouvante, éclairée par la lune, s'approcher un peu plus d'elle. À la fin, il l'avait laissée partir. À l'image du Zodiac qui s'amuse à envoyer des courriers aux médias et à la police, l'East Area Rapist prend en outre plaisir à jouer avec les détectives de Sacramento. À l'une de ses victimes, il dit : « Tu peux dire à ces putains de flics que j'aurais pu tuer deux personnes ce soir. Si je ne vois pas ça partout dans la presse et à la télé, je tuerai deux personnes demain. » Le jour même, on lit en gras dans le *Sacramento Bee* : « NOUVELLE ATTAQUE DE L'EAST AREA RAPIST, MORT DE PROCHAINES VICTIMES CETTE NUIT ? » Quelques heures après, la police croule sous les coups de fil de citoyens apeurés.

Le 18 mars 1977, une voix rocailleuse lâche dans le combiné du département du Shérif : « Je suis l'East Area Rapist », et raccroche en s'esclaffant. Il est 16 h 15. Quinze minutes plus tard, un homme rappelle sur le même numéro. Il répète : « Je suis l'East Area Rapist », éclate de rire, puis raccroche. À dix-sept heures, la police reçoit un troisième appel : « Je suis l'East Area Rapist et j'ai déjà repéré ma prochaine victime. Vous ne m'aurez jamais, les gars. » Il s'esclaffe une dernière fois, puis raccroche. Quelques heures plus tard, à 22 h 45, une nouvelle femme – une adolescente de seize ans – est violée à Rancho Cordova. Elle est la quinzième victime.

Le lendemain, le *Sacramento Bee* écrit que le violeur ne s'attaque « qu'aux femmes seules chez elles, ou avec leurs enfants ». C'est, peut-être, une façon de rassurer le lectorat féminin du comté : si votre mari est là, ou votre père, alors vous ne craignez rien. Mais c'est aussi, de manière volontaire ou non, une façon de jeter au visage du violeur le fait qu'il n'aurait pas le « courage » de s'attaquer aux hommes. C'est, dans tous les cas, une erreur :

à partir de cette date, presque chaque attaque fera deux victimes directes.

Le 2 avril 1977, à Orangevale, une ville à l'est de Citrus Heights, près de l'American River, un couple a passé la soirée au cinéma, puis couché ses deux enfants. L'homme a traîné dans le salon. Il s'est mis au lit un peu avant deux heures du matin. Une heure plus tard, la lumière d'une lampe torche réveille la femme. Puis, un murmure, grave :

« Ne fais pas de bruit. Tu vois ce flingue dans ma main ? Réveille ton mari. »

La jeune femme obéit. L'homme à ses côtés est à son tour aveuglé par la lumière, et essaye de se lever.

« Arrête de bouger. Mets-toi sur le ventre. J'ai un quarante-cinq millimètres avec deux recharges. Reste allongé ou je vous tue. »

Il pointe une nouvelle fois sa lumière sur la femme, et lui ordonne d'attacher son conjoint, avec une paire de lacets blancs qu'il a jetée sur le lit.

« Et serre bien. »

L'homme, vêtu d'une cagoule, attache ensuite la femme, puis part fouiller la maison. Le couple entend des bruits dans la cuisine. Lorsque le criminel revient, il tient des assiettes, qu'il pose en équilibre sur le dos de l'homme. Il chuchote les règles du jeu :

« Si j'entends les assiettes bouger ou le lit grincer, je tue tout le monde dans la maison. »

Il traîne ensuite la femme dans le couloir, lui enfile des chaussures à talons aiguilles aux pieds, puis la viole à trois reprises.

Deux heures plus tard, après avoir violé la femme, le criminel passe la tête dans l'entrebâillement de la chambre, où gît le mari, et lui dit :

« Prochain arrêt, une autre ville. »

Puis disparaît.

Une nouvelle série s'enclenche. Le 15 avril, deux nouvelles victimes à Carmichael. Le 3 mai, idem, à Sacramento même, sur Riviera Drive. Puis le 5 et le 14 mai, à Orangevale et Citrus Heights. Une femme et son conjoint, à chaque fois. Le 17 mai, nouvel appel : une vingt-et-unième victime de viol. Lorsque Richard Shelby arrive, accompagné de Carol Daly, c'est le mari qui les accueille. Shelby reconnaît l'homme immédiatement. Ils l'ont déjà rencontré six mois plus tôt. C'était lors d'une réunion publique, à l'école primaire de Del Dayo, à Carmichael. Sa collègue et lui venaient de prévenir la population, pour la seconde fois, qu'un violeur rôdait dans la région. Un homme au ton agressif s'était levé dans la foule et avait crié que, dans son pays d'origine, l'Italie, la police et la foule auraient déjà attrapé ce violeur et l'auraient puni. C'est cet homme qu'ils ont maintenant devant eux. Les deux détectives se demandent alors : est-ce que l'East Area Rapist n'avait pas envie de faire un exemple, ce soir, en montrant qu'il ne craint personne ? Et surtout : est-ce que le violeur était là parmi eux, ce 4 novembre à Del Dayo ? Est-ce que leurs regards se sont croisés ? Est-ce qu'il connaît le visage des flics qui enquêtent sur lui ? Carol Daly a l'intuition que la réponse est oui aux trois questions. Mais ce qu'ils ne savent pas encore, c'est que l'East Area Rapist en sait plus que ça. Il connaît aussi l'adresse de Richard Shelby.

6.

Une nuit de mai 1977, Tom Shelby, quatre ans, entend un bruit monstre sur le toit, juste au-dessus de sa tête. Ce sont des pas d'homme. Si lourds qu'ils lui donnent l'impression que la toiture va craquer. Le jeune garçon est effrayé. Il regarde autour de lui, mais ne voit rien. Il jette un coup d'œil à la fenêtre. Un homme se tient la tête à l'envers, le regard tourné vers la chambre. Il porte une cagoule sombre avec un pompon qui se balance de droite à gauche. Le faisceau de lumière d'une lampe torche éclaire d'un coup la chambre. Le long cône lumineux scanne d'un trait toute la pièce, puis s'éteint. Tom voit l'homme se redresser et disparaître. L'enfant court alors vers la chambre de ses parents. Il s'enfonce dans leur lit, et se rendort vite. Richard Shelby, son père, n'a rien entendu. Le lendemain, le petit garçon lui raconte sa nuit : il a vu un homme, il marchait sur le toit, il portait une cagoule et a éclairé sa chambre de sa lampe torche. Shelby est pétrifié. Il sait que l'enfant n'a pas pu imaginer ça. Pas avec une cagoule et une lampe torche. Il n'a pas de doute sur l'identité du rôdeur : l'East Area Rapist est venu lui rendre visite. Les épaules d'habitude si hautes du détective sont soudainement bien basses : qui chasse qui, dans cette enquête ?

Depuis le 17 mai dernier, jour où le violeur en série a soufflé dans l'oreille de sa vingt-et-unième victime : « Ces enculés, ces putains de flics. Je vais les tuer, aussi », tous les policiers du comté sont aux aguets. La présence du criminel chez Richard Shelby est la confirmation de ce qu'ils redoutaient tous : la folie de cet homme n'a pas de limite. Désormais, lorsque Richard Shelby sort patrouiller de nuit, des collègues font des rondes devant chez lui. À l'intérieur, dans la maison, Eleanor a toujours une arme à portée de main. Et puis il y a Squire, le berger allemand. Mais Richard Shelby est las. Il a tapé à toutes les portes, planqué toutes les nuits, vu les hélicoptères survoler la région comme en temps de guerre, placé des flics camouflés dans l'obscurité des verdures, assisté à l'émergence de groupes de citoyens armés. Et tout ça pour rien. Le sergent s'est enfoncé dans cette affaire aussi loin qu'il le pouvait, et tout ce qu'il voit autour de lui, c'est une brume épaisse. En dépit des coïncidences, il n'a jamais rien trouvé qui permettrait de connecter l'affaire du Visalia Ransacker à celle de l'East Area Rapist. Il n'a pas non plus réalisé de progrès sur l'identité du violeur en série. Tout ce qu'il a, ce sont des portraits-robots qui ne mènent à rien et une liste de victimes qui s'allonge. Il est à bout. Rien n'avance, rien ne bouge, rien ne tremble. Et l'East Area Rapist en est désormais à plus de vingt crimes.

Le 28 mai, dans South Sacramento, une jeune femme et son mari sont attaqués par l'individu masqué. C'est la dernière fois que Richard Shelby foule l'une de ces scènes de crime. Il est retiré de l'enquête de l'East Area Rapist. Sa hiérarchie s'est rendu compte, elle aussi, qu'il était épuisé et que l'affaire n'avançait pas. Ses relations conflictuelles avec les gradés du Département n'ont pas aidé non plus.

Le détective prend cinq semaines de repos. Il a souvent entendu dire de la bouche de collègues que, lorsqu'on quitte une affaire, on laisse ses obsessions et ses mauvais souvenirs entre les pages du dernier rapport de police. Shelby sait désormais que c'est faux. L'affaire de l'East Area Rapist est un enfer, et elle le brûle encore. Il passe la totalité de ses « vacances » dans sa maison de Rancho Cordova, un verre de bourbon glacé à la main, qu'il frotte parfois contre son front, comme pour refroidir son cerveau. Un temps, il ne peut s'empêcher de noter cette nouvelle coïncidence : depuis qu'il s'est retiré de l'enquête, l'East Area Rapist s'est arrêté de violer. Mais cela ne dure que deux mois, juillet et août. Le 6 septembre, un nouveau couple est agressé, à Stockton, cette fois, une ville à une quarantaine de minutes de Sacramento. Pour la première fois, l'homme s'est échappé du comté et a frappé ailleurs, plus loin, dans le sud. Le mode opératoire est le même que d'habitude. Puis, il y a le 1er octobre, le 21 octobre, le 29 octobre, le 10 novembre, le 2 décembre. Du duo de détectives, il ne reste plus que Carol Daly qui continue, un peu plus chaque jour, à s'enfoncer dans l'enquête.

7.

Avant d'intégrer la task force aux trousses de l'East Area Rapist, Carol Daly a fait partie de l'équipe de détectives en charge de l'affaire du Sacramento Vampire. Une histoire à glacer le sang : Richard Chase, le meurtrier, buvait le sang de ses victimes et mangeait parfois leur cerveau. Pourtant, jamais Carol Daly n'a détourné les yeux. Depuis son premier jour dans la police, elle regarde les horreurs de son métier – les viols, les meurtres, les blessures –, avec l'assurance qu'elle est au bon endroit ; que noyer ses yeux dans le mal, c'est la juste chose à faire, car c'est Dieu qui en a décidé ainsi et que c'est sa mission, à elle.

Carol Daly n'est pas née dans une église, mais c'est tout comme. Élevée à Kearney, une petite bourgade au centre de l'État du Nebraska, elle passe son enfance au presbytère, à prier, jouer du piano, aider à l'organisation des messes, mariages et autres événements en lien avec la communauté catholique locale. La maison de ses parents est entourée de champs de maïs et de fermes. Elle n'a dans son placard qu'une robe dont elle prend le plus grand soin, et monte ses chevaux Dick, Doc, Duke et Dan, à cru. Kearney est divisée en deux par une voie de chemin de fer qui marque une frontière nette dans la ville ; les classes supérieures au nord, les plus démunis au sud. Carol Daly est une « fille du sud ». Mais elle n'a pas l'intention d'y rester. Les années 1960 la voient débarquer à Sacramento, où elle est l'une des premières femmes à rejoindre le Département du shérif. Elles ne sont alors que huit : Charlene Fowler, Carol Petty, Patty Butler, Shell Finley, Mona Kelsey, Joyce Pearson, Alex Cowan Magness et Carol Daly. Elles n'ont pas le droit de porter de pantalon, mais ne se voient fournir aucun uniforme féminin. Un tel vêtement n'existe pas. Les femmes ont aussi interdiction de patrouiller et doivent porter leur pistolet dans leur sac à main. Elles ont d'ailleurs suivi un entraînement spécial pour pouvoir dégainer ainsi aussi vite que les hommes et leur étui à la ceinture.

Lorsque l'affaire de l'East Area Rapist éclate, il apparaît vite que la prise en charge des victimes est calamiteuse. Les policiers masculins n'ont reçu aucune formation relative à ce genre d'enquêtes. À une victime de quinze ans qui raconte l'attaque qu'elle a subie, ils coupent la parole : « On veut les faits, rien que les faits. » Ce qui les intéresse est la taille du sexe de l'agresseur. La jeune fille n'en sait rien. Ils la pressent : « Si vous deviez le comparer à un hot-dog, il serait plus petit ? Et un cornichon ? Réfléchissez ! » Pour beaucoup des victimes, ces interrogatoires sont une deuxième agression. Elles sont interrogées à quelques mètres de là où, quelques heures plus tôt, elles étaient attachées. Elles sont parfois couvertes d'une seule serviette ou d'un drap. On les trimballe d'une pièce à l'autre, on les prend en photo.

C'est en partie pour corriger ces attitudes que sa hiérarchie demande à Carol Daly d'intégrer l'équipe des enquêteurs. La policière est chargée de recueillir les déclarations de toutes les victimes sur les lieux du crime. Ses nuits deviennent de longues attentes. Lorsque le téléphone sonne, elle doit être sur les lieux en moins de quinze minutes. Une fois sur place, Carol Daly fonce vers la victime avant toute chose. Elle écoute son récit, lui prend les mains. Parfois, elle demande : « Vous voulez prier ? Prier avec moi ? » Après quoi, elle les emmène au Medical Center de Sacramento. Le soir, elle repasse parfois chez elles leur déposer des plats chauds. Quand l'une de ces victimes, adolescente, fête son anniversaire quelques jours après son agression, Carol l'attend devant chez elle, à la sortie des cours, pour lui offrir un cadeau. Elle est devenue un infaillible soutien. Trois des victimes l'appellent « Maman ».

C'est elle, aussi, qui se charge des réunions d'information à destination des citoyens. D'une voix douce, Carol Daly s'adresse avant tout aux femmes de la salle. Elle leur dit des choses comme : « J'aimerais mettre l'accent sur quelque chose, mesdames. Nous avons toutes été éduquées à être polies et ne pas blesser quiconque. Arrêtez. [...] Vous me demandez : "Si nous avons une arme, pouvons-nous tirer sur lui ?" Vu ce que je sais de l'homme, si j'avais une arme, je n'hésiterais pas une seconde à lui tirer dessus, et je ne tirerais pas pour blesser. Je tirerais pour me débarrasser de lui. » Chez elle, Carol Daly a posé une arme sur sa table de chevet. Son mari, Ted, lui aussi policier, en a glissé une autre à proximité de son oreiller. Après que le violeur a ouvertement menacé les enquêteurs, le Département a insisté pour équiper leur maison d'une alarme au sol. Il s'agit d'un tapis épais placé devant la porte d'entrée, relié à la police, qui envoie une alerte « Code 3 » – intervention immédiate avec gyrophare et sirène – à chaque fois qu'on pose un pied dessus. Carol Daly ne garde le dispositif d'alarme que quelques jours. Ses enfants et son chien le piétinent à longueur de journée, et elle est fatiguée de se ruer sur le téléphone pour empêcher toute la police du comté de débarquer chez elle.

Pour autant, comme elle l'a affirmé aux femmes du comté, elle sent que le pire est à venir. Depuis les premières agressions, elle a vu l'homme évoluer. Les dernières victimes lui ont dit que sa voix était désormais tremblante, bégayante, qu'il crie, pleure, s'énerve, maudit sa mère dans un coin de la chambre et, de plus en plus souvent, menace de tuer des gens – les victimes, les témoins, les flics. Carole Daly et ses coéquipiers se préparent avec inquiétude au jour où il passera à l'acte. On le soupçonne déjà d'avoir tiré sur un adolescent qui l'avait poursuivi après l'avoir vu rôder dans son jardin, en février dernier. Une balle lui avait percé l'abdomen. Il n'avait pas hésité une seconde à tirer. Des psychologues ont prévenu : « Il a un fort besoin de tuer. »

Cela finit par arriver le 2 février 1978. Brian, vingt et un ans, et Katie, vingt ans, promènent leur caniche argenté dans les rues de Rancho Cordova. Ce sont les Maggiore, un couple modèle. Lui a les lèvres fines ; elle, les cheveux châtain clair ondulés. Il est environ 21 h 10 lorsqu'ils arrivent sur La Alegria Drive, à deux pâtés de maisons de leur appartement. Ils saluent un voisin – un policier –, puis suivent leur chien qui court étrangement vers le jardin arrière d'une maison. La suite est racontée par l'enfant de dix ans qui a observé la scène de loin : à son arrivée dans le jardin, le couple est tombé nez à nez avec un rôdeur. La police imagine, selon la disposition des corps au sol, que Brian a voulu courir vers le patio et s'est fait tirer dessus à deux reprises. Katie, elle, a voulu s'enfuir vers la clôture. On l'a entendue crier. Plusieurs impacts sur les murs montrent qu'elle a réussi un temps à s'échapper. Avant qu'une dernière balle ne l'atteigne en pleine tête. Alertés par les cris, des voisins ont ensuite afflué, vu l'agresseur, mais sans parvenir à l'arrêter.

Gravement blessés, Brian et Katie sont emmenés à l'University Medical Center de Sacramento. Le mari meurt à 23 h 14. Sa femme, vingt minutes plus tard. Dans le jardin où le couple a été assassiné, la police trouve des lacets blancs qui gisent au sol. Un nœud a déjà été fait pour pouvoir y serrer des mains en un geste vif. Un portrait du meurtrier est dessiné d'après les témoignages des riverains qui l'ont aperçu. Il montre un homme aux cheveux châtains brossés sur le côté droit, avec une mâchoire carrée, des yeux en amande réhaussés de sourcils et un rictus narquois au coin des lèvres. Les jours suivants, le visage est affiché dans toute la presse du comté. Après cela, l'homme ne frappera plus jamais ici. Comme le Visalia Ransacker avant lui, la publication de son visage le mène au silence.

Mais il réapparaît vite plus loin, dans les comtés de Yolo, Stanislaus, Alameda, San Joaquin et Contra Costa, près de San Francisco. Entre le 5 juin 1978 et le 6 juillet 1979, soit un peu plus d'un an, au moins quinze femmes sont attaquées dans ces cinq comtés. Puis plus rien, cette fois pour toujours. La série d'agressions s'est arrêtée aussi mystérieusement qu'elle avait démarré. Comme il l'avait annoncé, le criminel a « disparu dans la nuit ».

Carol Daly a observé les derniers crimes de loin. Ils n'étaient pas situés dans sa juridiction, et personne n'a fait appel à elle. Elle ne s'en est pas offusquée. Elle en a même été soulagée.

Tout comme Richard Shelby un an auparavant, la vaine traque de l'East Area Rapist, ainsi que l'interminable liste de souffrances qu'il a laissés derrière lui, l'a épuisée. La nuit, lorsqu'elle ferme les yeux, elle s'imagine désormais être réveillée par une lampe torche aveuglante. Elle évite les soirées entre voisins et les barbecues du dimanche, car elle sait que les invités lui tomberont dessus et l'écraseront de questions sur l'affaire. Surtout, elle ne peut plus encaisser les témoignages comme elle le faisait avant, en prenant Dieu comme épaule. S'entendre dire aux victimes que l'enquête est au point mort malgré une liste de cinq mille suspects passés au crible, malgré des douzaines d'hommes aux profils intéressants disséqués, lui est insupportable. Alors, quelques mois après que l'East Area Rapist a disparu du comté de Sacramento, elle s'avance dans le bureau de ses supérieurs et leur annonce qu'elle souhaite être mutée aux homicides, là où elle avait déjà passé plusieurs années. Son supérieur lève un sourcil :

« Vous savez que c'est tout aussi difficile aux homicides ?

— Oui, répond-elle, mais quand j'y étais, nous élucidions quatre-vingt-dix-huit pour cent de nos affaires. On résolvait les meurtres. On les résolvait tous, un jour ou l'autre. »

II.

CONNEXIONS

(1980-2018)

8.

Roger Harrington, soixante-trois ans, ne voulait pas vivre dans cette maison de Dana Point, une ville côtière à moins d'une heure de Los Angeles. La résidence ne manque pourtant pas d'atouts : la vue, orientée au sud, donne sur l'océan Pacifique ; la plage n'est qu'à quelques minutes à pied ; et la décoration – murs blancs, bois en abondance, espadon accroché au mur et lustre Tiffany au plafond – signe la réussite sociale. Mais Roger Harrington, qui a fait fortune dans le commerce de la vidéosurveillance, a toujours dit qu'elle était trop loin de l'action pour lui. Il lui préfère son appartement de Lakewood, près de son bureau, plus au nord. Alors, récemment, il a laissé la maison à son fils, Keith, vingt-quatre ans, et sa belle-fille, Patrice, dite Patti, vingt-sept ans, qui viennent de se marier.

Ce 21 août 1980, il est 18 h 30 quand Harrington débarque au 33381 Cockleshell Drive, pour dîner avec le couple. Sur la boîte aux lettres, un message écrit à la main par des amis de Patrice dit : « On est passés à dix-neuf heures, il n'y avait personne. Appelez-nous si les plans ont changé. » Une douzaine de lettres est déposée à l'intérieur de la boîte. Harrington s'en étonne, puis pousse la porte. Elle est verrouillée. Les Harrington ont pourtant pris l'habitude de toujours laisser tout ouvert. Il tend sa main vers le dessus de la porte et attrape la clef que son fils cache là. La maison est plongée dans l'obscurité et un silence de mort. Un sac de courses est encore posé dans l'évier. Trois tranches de pain de mie traînent sur la table, rassies. Roger Harrington sent son estomac se serrer. Il parcourt les différentes pièces, jusqu'à la chambre du couple. Dans le noir, il discerne une bosse sous les draps. Roger s'approche de quelques pas et tire sur le tissu. Keith est allongé sur le ventre. Son visage est tourné vers la gauche, ensanglanté. Près de lui, Patrice est morte, sur le ventre elle aussi. Son visage est méconnaissable. Tous deux portent des marques aux poignets et aux chevilles, qui témoignent qu'ils ont été attachés avant d'être tués.

L'autopsie indique que le couple est mort depuis deux jours. Aucune porte ou fenêtre n'a été forcée. Patti a été violée à plusieurs reprises. Les enquêteurs ont retrouvé du sperme en elle, sur son dos et sur la couette. Les jeunes gens sont morts de coups portés à la tête avec un « instrument contendant », et avec une force qui choque chaque personne s'étant approchée du dossier. Le tueur a recouvert les visages de ses victimes du drap avant de les abattre. Un lieutenant résume la situation au *Los Angeles Times,* le 23 août : « Cette affaire est un mystère pour nous. » À tel point que la famille Harrington propose en septembre une récompense de vingt-cinq mille dollars pour tout indice qui mènera à l'arrestation du meurtrier. Mais personne ne se présente.

*

Six mois plus tard, le 6 février 1981, Manuela Witthuhn, une jeune femme de vingt-huit ans, est retrouvée assassinée. Cela se passe à Irvine, à une vingtaine de minutes de Dana Point et du domicile des Harrington. David et Manuela Witthuhn y vivaient depuis un peu plus d'un an, dans une maison de deux étages. La nuit du crime, David était à l'hôpital de la Santa Ana Tustin Community, pour une infection virale. Manuela était seule dans la maison. Elle a été violée, puis battue à mort. Près de dix détectives sont mis sur l'affaire. Malgré les similitudes avec les meurtres de Dana Point, aucune connexion n'est faite entre l'affaire Harrington et l'affaire Witthuhn. Aucun suspect n'est arrêté non plus.

*

Puis quinze ans passent. Quinze longues années durant lesquelles ni la police, ni la famille Harrington, ni la famille Witthuhn ne trouvent de réponse à leurs questions. Jusqu'à ce qu'en décembre 1995, le comté d'Orange, où se trouvent les villes de Dana Point et Irvine, décide de souffler la poussière sur ses vieux *cold cases* et de les soumettre à des tests ADN. Si la découverte de l'empreinte génétique dans l'ADN, qui permet d'établir une carte d'identité génétique propre à chacun, date de 1985 et que la technologie a déjà été utilisée dans certaines enquêtes, sa démocratisation est toute récente. La loi DNA Identification Act, qui a permis au FBI de constituer une base de données nationale, n'a été promulguée qu'un an plus tôt, en 1994.

Depuis, tous les criminels dont l'ADN a été prélevé sont fichés dans un grand registre électronique. De quoi donner envie de rouvrir des dossiers.

Les traces de sperme retrouvées dans les affaires Harrington et Witthuhn sont analysées par le laboratoire criminel du comté. Aucun nom ne ressort. C'est une déception, mais les tests donnent une autre information. Car la police n'a pas trouvé deux empreintes génétiques, mais un seul et même ADN. En clair : un seul homme est responsable des trois meurtres. Alors que le but de ces nouvelles enquêtes était de fermer des affaires par dizaines, c'est l'inverse qui se produit ici. Quelques semaines après avoir lié les meurtres des Harrington et de Manuela Witthuhn, le dossier s'épaissit d'un nouveau cas : l'assassinat de Janelle Cruz, dix-huit ans.

Un agent immobilier avait retrouvé son cadavre dans la maison en vente de sa mère, à quelques minutes à pied seulement du domicile de Manuela Witthuhn. Le meurtre avait eu lieu le 5 mai 1986, soit cinq ans après celui de Witthuhn. Janelle Cruz était allongée en diagonale sur son lit, son soutien-gorge descendu jusqu'à la taille. Son visage avait été matraqué si fort qu'elle avait avalé une dent et que deux autres avaient été projetées dans ses cheveux. Elle avait passé ses dernières heures chez elle, avec un ami. Ils avaient discuté dans sa chambre. Elle lui avait lu quelques poèmes qu'elle avait écrits, puis lui avait fait écouter l'enregistrement d'une session chez son psychologue. Aux enquêteurs, l'ami avait rapporté que, durant leur conversation, ils avaient entendu par deux fois du bruit près de la maison. Une fois à la fenêtre de sa chambre. Une autre fois dans le jardin, comme si quelqu'un avait sauté par-dessus la clôture. Les deux fois, Janelle et son ami avaient jeté un œil dehors, sans rien remarquer de suspect. Son ami était parti à 22 h 45. Janelle Cruz était morte quelques heures plus tard.

Trois scènes de crime, donc, et un seul criminel. Le Département du shérif du comté d'Orange commence à s'inquiéter qu'un tueur en série ait opéré en toute impunité durant toutes ces années. Le profil ADN de l'homme est envoyé aux différents laboratoires criminels du pays. On cherche des meurtres irrésolus vieux de dix, quinze, vingt ans. Et c'est une nouvelle fois en Californie, en février 1998, que cela mord. Ce dossier-là date du 13 mars 1980 et est situé à Ventura, au nord de Los Angeles. Un couple a été tué en pleine nuit, dans sa maison ; ils ont été frappés à mort avec une bûche. Ils s'appelaient Lyman Smith, quarante-trois ans, et Charlene Smith, trente-trois ans. La femme a été violée. C'est le sperme prélevé sur la scène de crime qui a permis de relier ce double crime aux précédents. Puis deux autres affaires correspondent : deux couples, massacrés en 1979 et 1981 dans des conditions similaires, dans le comté de Santa Barbara. Aucune trace d'ADN n'a été trouvée sur ces scènes de crime, mais le mode opératoire est si similaire que les enquêteurs se persuadent qu'un seul et même homme est derrière ces meurtres.

L'addition donne le vertige : entre 1979 et 1986, un tueur en série a assassiné dix personnes sur la côte californienne, sans que nul ne s'en aperçoive. Le 1er octobre 2000, l'*Orange Country Register*, journal local, titre en large et en gras : « Un tueur en série révélé par son ADN ». Comme toujours aux États-Unis, ce nouveau tueur ne tarde pas à se voir affubler d'un surnom : il sera l'« Original Night Stalker » – « le Rôdeur de la nuit ».

*

Il faut encore six mois pour que l'enquête progresse à nouveau. En avril 2001, un zélé du département de médecine légale de Contra

Costa, Paul Holes, quarante-trois ans, décide de comparer l'ADN du meurtrier à celui de l'East Area Rapist, à Sacramento, qui avait été récupéré sur trois kits de viols de victimes de son comté. Holes, passionné par cette affaire de violeur, est persuadé que les deux criminels sont une seule et même personne. Les modes opératoires des crimes perpétrés au nord, puis au sud de la Californie lui semblent trop proches pour qu'il en aille autrement. Et il a raison. Lorsque le résultat du test tombe, sa conclusion est sans appel : l'East Area Rapist est aussi l'Original Night Stalker. Un violeur et un assassin.

Les inspecteurs de Sacramento se sont longtemps demandé pourquoi leur agresseur de femmes seules, puis de couples, avait brutalement cessé d'agir après le 6 juillet 1979. Ils comprennent maintenant que l'homme ne s'est jamais arrêté : il s'est seulement déplacé à quelques heures de route vers le sud. Où, comme Richard Shelby et Carol Daly en étaient persuadés, il a mis ses menaces de meurtre à exécution.

Reste la question de cette pause criminelle de cinq ans, entre le meurtre du couple Domingo-Sanchez, en 1981, et celui de Janelle Cruz, en 1986. Et cette autre question : pourquoi plus rien après 1986 ? Les laboratoires sont formels : aucune attaque liée à son ADN n'est recensée ailleurs, depuis cette date. Une hypothèse, la plus logique, consiste à penser que le tueur et violeur en série est tombé pour d'autres crimes depuis, et qu'il est incarcéré quelque part dans l'État. On commence alors à comparer son ADN à celui de cent cinquante mille détenus dans les prisons de Californie, mais la tâche est longue et peu concluante. Ou alors, il a peut-être changé d'État ? Et s'il était mort ? C'est sans doute encore la piste la plus probable pour expliquer son silence, et sa disparition.

Mais, avec l'East Area Rapist, le pire est toujours à venir. Le 6 avril 2001, deux jours après que les journaux ont diffusé l'information affirmant que le violeur en série est aussi responsable de dix meurtres dans le sud de la Californie, une ancienne victime de Sacramento reçoit un appel téléphonique. La conversation démarre par un soupir, avant de laisser la place à une voix grave. À des décennies de distance, elle la reconnaît sans une once d'hésitation. C'est la voix de l'homme qui l'a agressée dans la nuit du 8 mars 1977. Au creux du combiné, il murmure : « Tu te rappelles quand on a joué ensemble ? »

9.

Le 21 avril 2016, à Los Angeles, une femme du nom de Michelle McNamara avale un mélange de médicaments comprenant de l'Adderall, du Xanax et du fentanyl. La dose est fatale. Les jours suivant son décès, en triant ses affaires, ses proches retrouvent trois mille cinq cents fichiers dans son ordinateur, ainsi que trente-sept cartons remplis de papiers, de milliers de notes, de listes et, parmi cette montagne d'informations, un document intitulé « Lettre à un vieil homme ». Dans celle-ci, Michelle McNamara écrit : « Après le 4 mai 1986, tu as disparu. Certains pensent que tu es mort. D'autres que tu es en prison. Pas moi. Je pense que tu as disparu quand le monde a commencé à changer. La technologie progresse. Tu as vu que tes adversaires gagnaient du terrain. Mais un jour, bientôt, tu entendras une voiture se garer le long du trottoir devant chez toi, un moteur se couper. Tu discerneras des bruits de pas remontant ton allée. [...] La sonnette retentira. Respire. Serre les poings. Avance timidement. C'est comme cela que tout s'arrête pour toi. Tu avais dit à l'une de tes victimes : "Je te ferai taire pour toujours et je disparaîtrai dans la nuit." Ouvre la porte. Montre-nous ton visage. Entre dans la lumière. »

Michelle McNamara a commencé à être obsédée par l'East Area Rapist en 2010, après avoir lu *Sudden Terror*, le roman qu'un ancien enquêteur de Contra Costa du nom de Larry Crompton a consacré à l'affaire. Elle a été happée par l'histoire. Comment est-il possible que l'un des pires criminels de ces dernières décennies n'ait jamais été identifié ? Et pourquoi l'histoire est-elle restée locale ? Le Zodiac, Ted Bundy ou encore Edmund Kemper sont des tueurs en série connus dans le monde entier, sur qui des livres et des thèses universitaires s'écrivent, des films de fiction et des documentaires se tournent. L'aura de l'East Area Rapist, elle, semble cantonnée depuis le début aux terres boisées du comté de Sacramento. Le seul livre qui lui est consacré prend la poussière au fond des librairies d'occasion, et les médias qui en ont fait leurs gros titres sont restés obscurs : *Sacramento Bee*, *Orange Country Register*. Le gros des informations se trouve sur Internet, où passionnés d'histoires criminelles en tous genres échangent sur des forums. Michelle McNamara se plonge dedans. Elle lit les milliers de commentaires dédiés au violeur et tueur en série, s'imprègne des mystères et des pistes à suivre. Elle remplit des dizaines et des dizaines de carnets aux feuilles jaunes, retrace le cheminement complet de l'East Area Rapist. Elle découvre les quartiers de Rancho Cordova, de Citrus Heights et de Carmichael ; leurs petites allées à l'ombre des chênes, leurs rues sinueuses dessinées en « S ». Repère chacune des maisons des victimes, et essaye de lire dans les choix de scène de crime une signification cachée. Au bout de quelques années, Michelle McNamara a acquis une telle connaissance de l'affaire qu'elle se sent sur un pied d'égalité avec les policiers. Elle s'est d'ailleurs liée d'amitié avec certains d'entre eux. Elle a rencontré Larry Crompton, l'inspecteur au Département du shérif de Contra Costa, et Larry Pool, détective dans le comté d'Orange, puis a longuement échangé par mail avec Richard Shelby. Elle s'est aussi beaucoup rapprochée de Paul Holes, le chef du département de médecine légale de Contra Costa. Ensemble, ils ont comparé leurs pistes et roulé dans San Ramon, Danville, Davis ou Concord, refaisant le cheminement du tueur en série jusqu'à pouvoir l'effectuer les yeux fermés.

En 2013, Michelle McNamara publie un article au long cours dans le célèbre *Los Angeles Magazine,* dans lequel elle raconte sa traque de l'East Area Rapist. Elle détaille tout ce qu'elle sait sur l'homme et ses crimes. Son but avoué est de le remettre sur le devant de la scène médiatique, et ainsi de relancer une enquête qui se limite jusque-là aux travaux d'une petite poignée de policiers, souvent contraints d'enquêter sur leur temps libre. Elle l'avoue : dans les histoires de tueurs en série aussi, le marketing compte. Jack l'Éventreur serait-il devenu aussi célèbre s'il avait eu un surnom moins efficace ? Cette leçon, les tueurs eux-mêmes l'ont apprise. Le Zodiac, par exemple, s'est attribué ce nom de lui-même. Avec le tueur du comté de Sacramento, on ne sait pas à qui on a affaire. Il porte deux noms : East Area Rapist et Original Night Stalker. Michelle McNamara en est persuadée : il faut le renommer. Elle s'en charge elle-même : dans son article, il est désormais le « Golden State Killer » – le Tueur du Golden State.

Michelle McNamara n'a, a priori, aucune raison objective de chasser le criminel de Sacramento. Elle ne connaît aucune des victimes, et son lien avec la Californie du Nord est inexistant. Mais elle a un compte à régler avec les crimes irrésolus. Le 1er août 1984, Michelle McNamara a quatorze ans quand on retrouve à Oak Park, dans l'Illinois, où elle habite alors, le corps de Kathleen Lombardo, égorgée alors qu'elle était partie faire son jogging. Plusieurs jours après le meurtre, l'adolescente se rend sur les lieux du crime. Sur le sol, elle aperçoit des morceaux du walkman cassé de Kathleen, les ramasse et les emporte avec elle. Le meurtrier de la jeune joggeuse ne sera jamais retrouvé. Les années suivantes, Michelle McNamara part à Hollywood, où elle devient scénariste et rencontre son mari, l'acteur Patton Oswalt. Mais, plus encore que la fiction, les *cold cases* sont devenus son combat. Elle les connaît sur le bout des doigts. Elle a même créé, en 2006, un site web, Truecrimediary.com, qui tente de résoudre de vieilles affaires. Elle l'affirme à ses proches : ce qui l'anime n'est pas la recherche de la gloire ni le frisson de découvrir un mystère que les autres n'ont pas réussi à résoudre ; c'est tout simplement la justice. Car la place de ces hommes est en prison.

De tous, celui qu'elle appelle le Golden State Killer est devenu sa priorité. Elle peut passer des journées entières à explorer de nouvelles pistes. Un jour, elle se met par exemple en tête de vérifier tous les noms des morts du cimetière de Goleta et de les comparer à ceux d'anciens élèves d'établissements à Irvine – deux villes où le meurtrier a sévi – dans l'espoir qu'un nom reliera les deux. Une autre fois, elle s'embourbe toute une après-midi dans une enquête sur un membre de l'équipe de water-polo du lycée Rio Americano de Sacramento, année 1972, au prétexte que, comme le Golden State Killer, l'homme était fin avec de gros mollets. Elle a également dressé la liste exhaustive des objets volés par le criminel lors de ses expéditions. Elle passe des heures entières sur des sites d'objets d'occasion, à attendre que l'un d'entre eux réapparaisse.

Michelle McNamara connaît trop bien les histoires des enquêteurs qui ont sacrifié leur vie de famille et leur couple pour cette enquête. Elle sait que certains ont sombré. Elle sait qu'elle est en train de prendre la même voie. Plus ses recherches avancent, et plus elle a du mal à dormir. La nuit, elle panique au moindre bruit : un voisin qui sort les poubelles, son mari qui se relève. Certains soirs, elle quitte le lit au milieu de la nuit pour vérifier des informations auxquelles elle vient de penser. Son mari la retrouve parfois à l'aube, en larmes devant son ordinateur, parce que l'une de ses pistes vient de tomber à l'eau. Elle dit avoir « un cri logé en permanence au fond de [s]a gorge ». Elle commence à prendre des anxiolytiques, en secret. Puis augmente les doses, jusqu'à ne plus se réveiller.

Pour Michelle McNamara, le Golden State Killer restera un visage flou pour l'éternité. Le livre qu'elle préparait sur sa quête, *Et je disparaîtrai dans la nuit*, est publié à titre posthume le 27 février 2018. L'une des thèses du livre est que la clef de l'identité du criminel se trouve sur les sites de généalogie qui se sont mis à pulluler aux États-Unis, ces dernières années. Ce qu'il faut faire désormais, y explique-t-elle, c'est comparer l'ADN du violeur en série aux dizaines de millions de profils sur ces sites. Alors, un nom sortira.

10.

Analyser des ADN jusqu'à ce qu'une identité émerge enfin. C'est aussi ce qui, en ce début des années 2000, obsède le sergent détective Ken Clark. Il a grandi ici, à Sacramento, pendant la période des crimes. Il avait huit ans en 1976, quand le violeur a commencé à terroriser son comté. Enfant, il s'est levé chaque matin ou presque en apprenant qu'une nouvelle victime venait d'être attaquée. Il a vu les portes et les fenêtres de son quartier se fermer à double tour. Il a vu le monde des adultes être peu à peu envahi par la peur, la colère, l'incompréhension. Bien plus tard, il est entré au Département du shérif de Sacramento, sans jamais oublier l'affaire. Et, en 2005, quand il a été nommé au service des homicides, il a décidé que le temps était venu de s'y plonger pour de bon. À l'époque, son unité ne compte que huit détectives, chargés de résoudre soixante crimes par an. Les chiffres de la criminalité ont explosé avec les années, la faute aux gangs et à la drogue, qui envahissent désormais la région. Ken Clark est débordé, mais il n'en a cure : ce dossier vieux de vingt-neuf ans n'est pas moins important. Il ne peut pas se faire à l'idée que, malgré la découverte de sa responsabilité dans dix meurtres dans le sud, seule une réserviste analyse encore, au début des années 2000, les rapports de police de l'East Area Rapist. Comme si le Département, sans le dire, avait abandonné l'enquête par manque de temps, par manque d'argent, par manque d'avancées. Alors Ken Clark rapporte les dossiers chez lui, et les ouvre. Après Richard Shelby, après Carol Daly, il s'apprête à ajouter son nom à la liste des inspecteurs qui se sont vus dévorer par l'affaire.

Ken Clark a l'espoir qu'un regard neuf comme le sien permettra de faire émerger de nouveaux éléments. Mais il ne découvre rien qui n'ait déjà été examiné une fois, dix fois, cent fois. Il continue, néanmoins. Sa conviction est que le violeur et meurtrier est encore vivant. Il est certain qu'il vit encore là, dans l'une de ces rues de pavillons de banlieue, et qu'il est devenu Monsieur Tout-le-monde. Clark reprend la liste des cinq mille personnes suspectées à un moment ou l'autre de l'enquête : cambrioleurs, déviants sexuels, rôdeurs, simples citoyens aux casiers vierges qui ne doivent peut-être leur présence ici qu'à une ex-femme en colère ou un voisin malveillant. Criminelles ou non, une immense majorité de ces personnes n'ont jamais donné leur ADN, et beaucoup ont disparu de la circulation. Le travail qui attend Ken Clark est une montagne qu'il faudra gravir patiemment, pendant de longues années. Il se met à l'ouvrage. Hors de question d'aborder des inconnus et de leur demander un échantillon de leur salive. Le détective fait en sorte de récupérer les ADN différemment : en ramassant une cigarette jetée au sol, en piochant une canette abandonnée avec négligence dans la poubelle… Parallèlement, il dresse la liste de la grosse centaine de personnes qu'il considère comme ses meilleurs suspects, dispersées dans le pays, et demande au FBI de l'épauler. Des ADN se mettent à affluer au laboratoire criminel de Sacramento. C'est un échec : aucune piste.

Il dissèque alors les trente mille rapports de police du comté de Sacramento de 1973, soit un an avant que Visalia ne soit ravagée par un cambrioleur devenu tueur. Comme

Richard Shelby avant lui, Ken Clark est persuadé que l'East Area Rapist et le Visalia Ransacker sont le même homme. Il aimerait savoir si l'homme a opéré à Sacramento avant de fuir dans le comté de Tulare. Dans les archives, des machines grises, épaisses et vétustes font défiler sous ses yeux un par un des microfilms d'une autre époque. L'image est mauvaise, mal coupée, parfois dans le mauvais sens. En quatre mois, Ken Clark a lu la totalité de l'année. Il n'a pas trouvé de nouveaux suspects, mais a découvert qu'au tout début de 1973, des cambriolages ont eu lieu dans la ville de Rancho Cordova. Un cambrioleur qui partageait le même mode opératoire que l'East Area Rapist, trois ans plus tard, au même endroit. On l'appelait alors le Cordova Cat Burglar. L'une de ses victimes sera aussi l'une des victimes de l'East Area Rapist en 1976. Clark plonge ensuite dans les années 1976, 1977, 1978. Encore des dizaines de milliers de rapports.

Pourquoi ne pas retourner voir les policiers de l'époque ? Richard Shelby n'est pas difficile à convaincre. L'ancien flic a maintenant plus de soixante-dix ans, les cheveux clairsemés, une posture légèrement plus voûtée qu'au moment de sa retraite. Il a quitté le Département en 1993, avec le grade de lieutenant.

Mais, jusqu'à la dernière minute, il a continué à enquêter dans son coin, poursuivant ses pistes seul, comme il le faisait avant. Il a gardé à l'œil les suspects qu'il suivait depuis des années. Quand la recherche d'empreinte génétique s'est démocratisée, il n'a pas hésité à plonger dans les poubelles d'un homme pour dénicher son ADN. Il l'a même fait trois fois. Un autre jour, il a suivi un autre homme jusque dans un restaurant. Il a demandé au serveur de ne pas débarrasser la table, et s'est emparé des couverts du suspect à la fin du repas. Aucun ADN de ces hommes n'a jamais été celui de l'East Area Rapist. Quand Ken Clark lui montre ses découvertes de 1973, Shelby lui raconte ce qu'il a vécu à cette époque. Les chiens tués, l'homme sur le toit. Le Cordova Cat Burglar. Il l'aide aussi sur les rapports de 1976 et 1977. Il le guide sur des pistes qu'il n'a pu suivre, des noms qu'il n'a pas pu confronter. Et il n'est pas le seul à faire cela. Depuis 2011, Ken Clark fait partie d'une nouvelle task force. Dans son équipe se trouve tout le gratin des enquêteurs obsédés par l'affaire du tueur en série. Les détectives Greg et Russ Hayes, père et fils, du comté de Ventura, l'inspecteur Larry Pool, du comté d'Orange, Gary Kitzmann et Jeff Klapakis, du comté de Santa Barbara, et aussi Paul Holes, le chef du département de médecine légale du comté de Contra Costa, celui-là même qui a réussi à connecter les affaires de viols dans le nord de l'État aux meurtres du sud de la Californie.

Tous partagent l'avis de Michelle McNamara, cette enquêtrice amateure avec laquelle ils parlent parfois : l'ADN est la clef de cette affaire. De tous, Paul Holes en est le plus persuadé. Depuis qu'il a appris en 2017 qu'une détective de San Bernardino avait découvert l'identité d'une jeune fille, qu'on avait retrouvée en 1996 abandonnée dans un camping, grâce à un site utilisé par d'anciens adoptés pour retracer leurs origines grâce à leurs ADN, il a en tête de faire de même avec celui que l'on nomme désormais le Golden State Killer. Holes se penche sur des sites comme Ancestry.com, ou 23andMe.com, des sociétés qui permettent en échange d'un échantillon de salive et d'une petite centaine de dollars, d'analyser votre ADN et vous informent ensuite sur vos origines. Des millions de personnes y ont eu recours. Pour se faire confirmer une légende familiale ou retrouver des membres d'une même famille. Avec un peu de chance, se dit Paul Holes, un parent proche du Golden State Killer a fait le test.

Munis de ses résultats, ils pourront remonter jusqu'à lui. Grâce à des résidus de sperme prélevés sur une scène de crime, le scientifique arrive à télécharger l'empreinte génétique du criminel sur les sites FamilyTreeDNA.com et GEDMatch.com. Il le compare à plusieurs millions de personnes et reçoit en retour une liste de gens liés de loin au tueur – des cousins au troisième degré. Pendant des centaines d'heures, lui et son équipe construisent alors l'arbre généalogique du tueur. Une famille de plusieurs milliers de personnes.

Puis, en février 2018, une généalogiste du nom de Barbara Rae Venter, qui travaille avec Paul Holes, lui envoie ce mail : « Je crois qu'on vient de mettre la main sur quelque chose. » Elle avait transféré à son tour le profil ADN du Golden State Killer sur un autre site, MyHeritage.com, et découvert des cousins de seconde génération, cette fois. En quelques semaines, les enquêteurs listent une douzaine de personnes qui pourraient être des proches du tueur, voire le tueur lui-même. Ils enquêtent sur chacun des profils. Un premier suspect est rapidement éliminé grâce à l'ADN de sa sœur qui ne correspond pas à celui du tueur en série ; il en est trop éloigné. Un deuxième attise davantage leur curiosité. Il s'agit d'un policier, qui a servi en Californie dans les années 1970. Il est né le 8 novembre 1945. Il mesure un mètre quatre-vingts et il a les yeux bleus. Ken Clark compare ses photos avec les différents portraits-robots du criminel établis au travers des ans. Il ne voit qu'un seul et même visage. Et cet homme vit encore. Il habite même là, juste à côté, dans le comté de Sacramento. Très exactement au 8316 Canyon Oak Drive, à Citrus Heights. À seulement quelques minutes en voiture de maisons d'anciennes victimes. Son nom est Joseph DeAngelo.

11.

Ken Clark a choisi une Toyota Camry noire pour planquer devant l'adresse. C'est l'une des voitures les plus vendues des États-Unis, donc la meilleure pour une filature discrète. Ce 19 avril 2018, le policier a le coude posé sur le rebord de sa fenêtre. Cela fait plusieurs nuits qu'il a entamé cette nouvelle routine. Il arrive vers dix-neuf heures, puis est relevé vers sept heures du matin. Douze heures d'affilée à ne rien faire, si ce n'est regarder droit devant soi. À proximité, d'autres voitures quadrillent le quartier. Si l'envie prenait au suspect de bouger, il n'irait sans doute pas bien loin.

Mieux vaut être prudent. Celui que Ken Clark surveille habite avec l'une de ses trois filles et l'enfant de cette dernière. Joseph DeAngelo a soixante-douze ans, certes, mais à voir la façon dont il tond sa pelouse, il donne l'impression d'avoir l'énergie d'un jeune homme. La veille, le suspect a fait une sortie. L'équipe de jour l'a suivi jusqu'à la quincaillerie Hobby Lobby, à Sacramento. Alors, que DeAngelo pénétrait dans le magasin, ils ont couru à sa voiture et ont tamponné la poignée de sa portière pour y collecter son ADN et pouvoir confirmer son identité. Les analyses n'ont pas encore livré leur verdict, et si Ken Clark a peu de doutes sur leurs résultats, il reste méfiant. L'homme ne serait pas le premier suspect à être un innocent de plus.

La réponse tombe le 20 avril : l'habitant du 8316 Canyon Oak Drive est le Golden State Killer.

Mais il est encore trop tôt pour fêter la nouvelle. Avant de rendre l'information publique, Anne Marie Schubert, la procureure de Sacramento, veut un deuxième échantillon d'ADN. Le 21 avril, aux alentours de dix-huit heures, Ken Clark est en route, en avance, vers Citrus Heights, quand un membre de l'équipe annonce dans la radio que le tueur en série vient de prendre sa voiture. Une douzaine d'agents démarrent à leur tour. À quelques mètres de distance, ils suivent DeAngelo dans les rues étroites de Citrus Heights, puis sur la dense autoroute Dwight D. Eisenhower. Ken Clark est un peu plus loin, à cinq minutes de ses collègues. Soudain, l'un des policiers lâche dans la radio que le suspect semble se diriger vers l'aéroport international de Sacramento. Clark sent une lourde goutte de sueur lui couler le long du dos. Il se demande s'ils se sont fait griller. Il a peut-être suffi d'un rien. D'un voisin qui lui aurait dit qu'une voiture inconnue traînait dans le coin, ou d'un regard échangé avec un inspecteur, pour que Joseph DeAngelo comprenne qu'il était surveillé et décide de prendre la fuite. Une fois sur l'autoroute, sa voiture se met d'ailleurs à accélérer. Le Golden State Killer passe de la file de gauche à la file de droite comme s'il essayait de mettre à jour une filature. Les six véhicules des enquêteurs maintiennent leurs distances. Après quelques minutes de ce petit jeu, il ne fait plus aucun doute que l'homme se dirige vers l'aéroport. Ken Clark accélère. Il sait que les hélicoptères de surveillance ne peuvent pas survoler la zone, et il imagine que l'ancien flic qu'est le tueur le sait également, et que c'est pour cela qu'il se dirige vers là-bas.

Alors que la course-poursuite secrète continue sur l'autoroute, le tueur braque soudainement à droite et s'engouffre dans la dernière station-service accessible avant l'aéroport. Sous peine d'être repérées, les six voitures qui le filaient n'ont pas d'autre choix que de le laisser s'échapper. Par chance, Ken Clark est encore à la traîne. Il débarque une petite poignée de minutes après lui sur le parking. Le sergent repère la voiture du suspect. Joseph DeAngelo est resté assis dans sa voiture. Immobile. Clark se range à bonne distance et chausse ses jumelles. DeAngelo regarde autour de lui, aux aguets. Il donne l'impression d'attendre quelque chose. Peut-être des voitures ou des visages qu'il aurait déjà vus près de chez lui, ou derrière lui sur l'autoroute. Oui, peut-être attend-il tout simplement qu'une dizaine d'agents encerclent sa voiture, armes à la main, et lui demandent de sortir. Puis, au bout de vingt minutes, il redémarre sa voiture. Il conduit à travers l'aéroport, puis sur l'autoroute. Ken Clark le suit, tout du long. De loin. Le Golden State Killer rentre chez lui, à Citrus Heights.

C'est deux jours plus tard, le 23 avril, que l'occasion de récupérer un deuxième échantillon d'ADN se présente enfin. Le vieil homme vient de sortir ses poubelles. À la nuit tombée, les policiers y récupèrent canettes, bouteilles, et tout ce qui aurait pu être en contact avec la bouche. Plus tard ce soir-là, tout en attendant les résultats, Paul Holes et Ken Clark rédigent le mandat d'arrêt du Golden State Killer. Ils font la liste des crimes du tueur et décrivent son mode opératoire. Le document fait une centaine de pages. « Entre avril 1974 et mai 1986, y lit-on, un homme blanc surnommé l'East Area Rapist a commis pas moins de cinquante-sept attaques dont des agressions sexuelles, ainsi que treize meurtres en Californie. Il est responsable de centaines de cambriolages à caractère sexuel [...], et d'avoir harcelé des victimes par téléphone. Ce suspect a maintenant été identifié grâce à son ADN. » Ils demandent son arrestation pour les meurtres de Brian et Katie Maggiore, le couple abattu dans un jardin. Un double meurtre en lien avec le comté du procureur. Les viols, eux, sont prescrits.

Le lendemain, l'échantillon d'ADN prélevé dans les poubelles confirme l'identité du tueur. Ken Clark fonce vers le bureau du procureur, pour faire signer son mandat par un juge. Les minutes que le magistrat met pour lire le dossier dans son intégralité lui paraissent des heures. Le policier trépigne sur sa chaise. Il sait que l'équipe d'intervention ne bougera pas tant que le mandat n'aura pas été signé. Après un long moment, l'homme de loi prend son stylo et paraphe enfin le document. En temps normal, il aurait fallu une vingtaine de minutes à Ken Clark pour rejoindre la maison du tueur depuis le bureau du procureur. Mais la circulation est dense à cette heure de la journée. Quand il parvient enfin au 8316 Canyon Oak Drive, à Citrus Heights, Clark saute dans un van stationné près de la supérette du quartier. Il est à peine entré dans le véhicule qu'une voix résonne dans la radio : « Le suspect vient de sortir de chez lui. » Le moment est enfin arrivé. Au bout de quarante-deux ans, treize meurtres, cinquante viols et près de deux cents maisons cambriolées, le Golden State Killer va enfin être arrêté.

12.

Ken Clark marche lentement. Un pas, puis deux, jusqu'à se trouver face à Joseph DeAngelo. Le tueur en série est entouré d'une demi-douzaine de membres du SWAT et de la « Fugitive Unit » – ces policiers spécialisés dans l'appréhension de criminels dangereux. Il crie : « Mais putain, qu'est-ce qu'il se passe ? » S'il lui fallait une dernière preuve, la voici : Clark reconnaît cette voix qui part dans les aigus quand son propriétaire perd son sang-froid. C'est celle que lui ont décrite tant de victimes. On passe les menottes à DeAngelo, avant de le mener à l'arrière du van banalisé, à côté d'un agent. Clark s'installe à la droite du conducteur. Le sergent a tellement attendu ce moment qu'il se rend compte qu'il ne l'a pas préparé. Doit-il parler ? Ne rien dire ? Espérer une confession du tueur ? Il a lancé un dictaphone, afin d'enregistrer tout ce qui pourrait être dit dans le véhicule. Mais c'est un silence inattendu qui s'empare de l'habitacle. DeAngelo respire très vite, très fort. Peut-être est-il en train d'analyser la scène, de calculer ses chances de s'en sortir, d'estimer le jeu que les agents venus le chercher ont dans leur manche : un crime, deux crimes, des dizaines de crimes ? Finalement, il lâche cette phrase qui déconcerte tout le monde : « J'ai un rôti dans le four. » Ken Clark hausse les épaules. Il fait démarrer le van.

Tout le long du trajet jusqu'à la Centralized Investigations Division, le bâtiment qui a remplacé le vieux Département du shérif dans lequel tant de flics avaient cherché en vain à l'attraper pendant toutes ces années, Joseph DeAngelo ne brise le silence qu'une seconde fois, pour se plaindre. « Mes menottes sont trop serrées », dit-il en levant la tête vers le rétroviseur, où les yeux de Ken Clark ne le quittent pas. Le même mutisme accompagne le duo jusqu'à la salle d'interrogatoire. Deux chaises, une table en métal. DeAngelo et Clark prennent place de chaque côté. Au mur, une caméra filme la scène. Les images sont retransmises sur un écran dans une salle adjacente, où se sont serrés plusieurs détectives d'autres comtés et la procureure de Sacramento, Anne Marie Schubert. Elle a l'impression d'être face à Hannibal Lecter.

Ken Clark commence. Il explique à Joseph DeAngelo les raisons de sa présence ici : il est accusé d'être le Golden State Killer, auteur d'au moins cinquante viols, treize meurtres et plus d'une centaine de cambriolages. Son ADN l'a trahi pour les meurtres. Tout est là. Face à lui, assis droit sur sa chaise, ses menottes enlevées, pas une seule fois l'accusé ne sourcille. Le policier parle de la première affaire de viol, en juin 1976. Pas de réaction. Clark poursuit avec le meurtre de Brian et Katie Maggiore. Il évoque les témoignages des voisins, les conclusions de la police, il essaye d'attiser sa curiosité, place quelques détails scabreux. Il lui dit : « On peut parler de cela, si vous voulez. » Il l'interroge sur le lieu, le meurtre, les raisons. Mais encore une fois, Joseph DeAngelo reste mutique. « Catatonique », dira le sergent en sortant.

Ken Clark essaye tout, pourtant. Il est gentil, proche, ouvert, calculateur, autoritaire, distant, l'un puis l'autre, puis tout à la fois. Sans succès. Il a mené plus de deux cents interrogatoires dans sa carrière. Il a vu des criminels s'effondrer devant lui, certains le regarder comme une prochaine victime, d'autres encore se moquer de lui. Il a vu toutes sortes de meurtriers, violeurs et psychopathes, et la plupart se mettaient, à un moment ou un autre, à parler. Pas cet homme en face de lui. Après quelques heures, il passe la main. C'est au tour de ses collègues des autres comtés de tenter leur chance.

L'un lui apporte une canette de Dr Peppers : aucune réaction. Un autre étale des photos de ses crimes devant lui : aucune réaction. Un troisième lui propose de faire une pause aux toilettes : il ne répond pas. Pendant huit heures, Joseph DeAngelo reste assis sur sa chaise noire, silencieux. Pas une fois il ne réagit aux tentatives des détectives. Pas une fois il ne prend la parole. À une exception près. Alors qu'il est brièvement laissé seul dans la salle d'interrogatoire, les micros et la caméra l'enregistrent en train de se murmurer des courtes phrases à lui-même. Il faut tendre l'oreille pour les saisir, mais cela en vaut la peine : « Je n'ai rien fait, dit Joseph DeAngelo à lui-même. J'ai pris le contrôle. Je suis devenu plus fort. Je suis devenu plus fort. J'ai enfin pris le contrôle. Je l'ai fait partir. [...] J'ai poussé Jerry en dehors de ma vie. Après cela, j'ai eu une vie heureuse. Oh, si heureuse. Oh, c'était si merveilleux, c'était merveilleux, c'était si merveilleux. Il était tout le temps là. [...] Je n'étais pas assez fort pour lutter. [...] Je ne pouvais pas. Je ne voulais pas. Je ne voulais pas sortir, je ne voulais pas faire ces choses. Il m'a fait faire cela. Je n'étais pas assez fort pour lutter. [...] Mes enfants, ils souffrent tous, ils souffrent terriblement, c'est terrible, tout ça parce que j'étais trop faible. »

Un détective saisit alors l'occasion de faire flancher l'homme. Il amène les filles du tueur en série à la porte de la salle d'interrogatoire. Joseph les observe, en silence. L'une des filles sanglote : « Je t'aime, Papa. » L'homme ne bronche pas. Il lui répète alors, comme un peu ailleurs : « Pars, pars, pars. Adieu. », en boucle et en boucle, même après que la porte se soit refermée sur lui.

Le lendemain, Ken Clark se rend au domicile de Joseph DeAngelo, au 8316 Canyon Oak Drive. Depuis la veille, la maison est fouillée de fond en comble. Derrière une intimidante banderole jaune et noire, « SHERIFF'S LINE – DO NOT CROSS », et une demi-douzaine de voitures de policiers et du FBI, les agents maintiennent un va-et-vient permanent entre la maison et leurs véhicules. Ils sortent, les bras pleins de cartons et d'objets emballés dans du plastique blanc, avant de repartir dans l'autre sens. Tous les fusils de l'accusé ont été récupérés, la terre de son jardin à l'arrière a été retournée. On y passe un détecteur de métaux pour retrouver de possibles « souvenirs » de victimes qui y auraient été enterrés. Le même dispositif est appliqué sur les murs de la maison et dans le grenier.

Lorsque Ken Clark se faufile à l'intérieur, il n'a pas vraiment le sentiment de pénétrer dans l'antre du mal. Ce qu'il a devant lui est un intérieur classique de grand-père de la classe moyenne. La chambre à coucher de DeAngelo est un foutoir monstre, déjà retournée par les policiers. Il aperçoit une photo de la mère de l'accusé sur une commode près du lit, un pot de beurre de cacahuètes dans le dressing. Son regard s'arrête un instant sur le lit, défait, puis sur l'écran d'ordinateur. Une serviette recouvre la partie éclairée du moniteur. Le sergent se rappelle cette obsession qu'avait le violeur de recouvrir les téléviseurs allumés de ses victimes d'une serviette, de son goût pour les lumières tamisées.

Sa fille et sa petite-fille ne sont pas dans la maison. Elles sont en état de choc, comme toute sa famille. La sœur de DeAngelo, Rebecca, ne « veut pas y croire ». Elle n'a jamais rien vu chez « Joe » qui aurait pu lui laisser penser qu'il puisse faire « ce genre de choses ». Sharon, son ex-femme et la mère des trois filles, a fait une courte déclaration : « Mes pensées et mes prières vont aux victimes et à leurs familles. » À tous, les enquêteurs ont conseillé de couper leurs réseaux sociaux ; ils les ont prévenus qu'une tornade médiatique allait bientôt s'abattre sur leur nom. Puis, ils ont passé d'autres coups de fil.

13.

Carol Daly est en voiture lorsqu'elle reçoit un appel du shérif. La voix de ce dernier résonne dans le haut-parleur du véhicule.

« Bonjour, Carol, c'est juste pour te prévenir qu'on a identifié l'East Area Rapist.

— Vous plaisantez ?

— Pas vraiment, il s'appelle Joseph DeAngelo, et il est en détention actuellement. »

L'ancienne détective a maintenant soixante-dix-huit ans. Elle n'avait jamais entendu ce nom, et ne pense pas l'avoir lu une seule fois dans les listes de suspects. Mais son premier réflexe n'est pas de se replonger dans ses dossiers pour voir si cette information peut les éclairer d'un jour nouveau. Non, elle demande à pouvoir appeler les victimes qu'elle côtoie encore, avant que la presse ne diffuse l'information. Accordé. C'est le début d'une course contre la montre. Carol Daly a des dizaines d'appels à passer et peu d'heures devant elle. Jane, la cinquième victime du violeur en série, est la première qu'elle joint. Elles sont restées en contact depuis 1976. Elle pensait dire : « Hey Jane, on a attrapé l'East Area Rapist, il est en prison, tiens-toi prête. » Mais la discussion est vite noyée dans les cris, les pleurs, les questions.

Kris MacFarlane, cinquante-sept ans, devenue Kris Pedretti, est à Los Angeles pour une conférence de l'American Cancer Society. Elle est encore dans son lit lorsqu'aux alentours de six heures du matin, le 25 avril, son portable bippe. C'est un message de sa fille : « Je crois qu'ils l'ont attrapé. » À peine a-t-elle terminé de lire ces quelques mots mystérieux que son téléphone se met à sonner. C'est Carol Daly. D'un ton très respectueux, elle lui dit : « Kris, j'ai des informations pour toi. Ils ont attrapé l'East Area Rapist. » Kris MacFarlane a oublié les minutes suivantes. Elle sait que le shérif l'a également appelée, et ensuite Steve, son mari. Il lui a dit qu'il allait venir la chercher. Elle lui a répondu que ce n'était pas la peine et a pris le premier vol Southwest pour Sacramento. Un trajet d'une heure et demie qu'elle a passé assise à la dernière rangée, à pleurer tout du long. Avec le temps, elle s'était persuadée que son violeur était mort depuis longtemps. En arrivant à Sacramento, elle voit la procureure Anne Marie Schubert donner une conférence de presse, au cours de laquelle elle déclare : « Aujourd'hui, c'est la journée nationale de l'ADN. [...] Nous avons trouvé l'aiguille dans la botte de foin. Et elle était ici, à Sacramento. »

Deux jours plus tard, en compagnie d'autres victimes et de leurs familles, Kris est emmenée dans une salle d'audience, à proximité de la Cour suprême de Sacramento. Elle est installée au premier rang, avec son mari Steve. Sur l'autre rangée, à sa gauche, se trouve Anne Marie Schubert. Une dizaine de caméras des médias se sont postées face à elles, prêtes à capter les réactions à l'arrivée de l'accusé. Une porte s'ouvre enfin à l'arrière de la pièce. Kris voit Joseph DeAngelo apparaître dans l'ouverture, encadré de plusieurs officiers. Il est en chaise roulante et vêtu d'une combinaison orange de prisonnier. Ses mains sont attachées aux accoudoirs de sa chaise. Il a les yeux mi-clos, comme hagard, la bouche entrouverte. Lui qui, quelques jours auparavant, se baladait à moto et coupait son gazon avec l'élan d'un jeune homme, ressemble désormais à un vieillard. On ne sait s'il joue la comédie ou non. Son crâne porte des croûtes épaisses d'égratignures, comme s'il se l'était gratté avec frénésie. Une journaliste du *Los Angeles Times*, Paige St. John, racontera plus tard « de source policière » qu'il s'est frotté la tête contre les murs de sa cellule, la veille.

On installe Joe DeAngelo dos au public, tourné vers le perchoir. Il a interdiction de regarder les femmes derrière lui ou de leur parler. Le juge, Michael Sweet, se penche en avant : « Vous vous appelez bien Joseph DeAngelo ? » Le « oui » qui tient lieu de réponse est si léger que le juge est obligé de le faire répéter. On informe le prisonnier qu'il est accusé des meurtres de Brian et Katie Maggiore et qu'il n'y aura pas de caution possible. Le juge lui demande s'il a un avocat avec lui. De sa voix voilée, Joseph DeAngelo répond : « J'ai une avocate. » Puis il est poussé vers la sortie. En tout, la session a duré trois minutes et cinquante secondes. Joseph DeAngelo n'a pas eu un mot pour ses victimes, et n'a rien dit non plus sur lui.

III.

FACE-À-FACE

1945-2018

14.

Si, dans les années 1970 et 1980, l'East Area Rapist était resté l'affaire de la presse locale, l'arrestation de Joseph DeAngelo et la découverte de l'ampleur de ses crimes ont, en 2018, un retentissement national. Les grands journaux du pays, le *New York Times,* le *Washington Post*, le *Los Angeles Times* s'engouffrent dans l'affaire. Les talk-shows du matin et les journaux télévisés du soir envoient leurs reporters faire le pied de grue devant la maison des DeAngelo, comme si celle-ci allait à son tour se mettre à parler. Et, peu à peu, les blancs de l'histoire se remplissent.

Joseph DeAngelo, comme bon nombre d'Américains, porte le même prénom que son père. Né à Bath, dans l'État de New York, Joseph DeAngelo Senior a servi dans l'armée de l'air américaine, dans les années 1940. Il a participé à des raids au-dessus de l'Italie, la France, l'Autriche et l'Allemagne. Il en est revenu médaillé de sept grappes de feuilles de chêne pour des « actes de bravoure ». On peut lire dans un article sur lui daté de 1943 que l'homme a été blessé par balle lors d'une bataille dans les airs contre les forces japonaises. Une photo illustre l'article : Joseph DeAngelo Senior porte sa casquette militaire fièrement et sourit de toutes ses dents. Son fils sera son portrait craché. Avant de partir à la guerre, en 1941, DeAngelo s'est marié avec Kathleen DeGroat, une jeune femme originaire de l'État de New York. Une première fille, Rebecca DeAngelo, naît en 1942. Le 8 novembre 1945 voit l'arrivée de Joseph DeAngelo Junior. Naîtront ensuite Constance, le 15 août 1948, et John, le 21 octobre 1949. La fratrie suit le père dans différentes bases militaires, en Oklahoma, à Washington, dans le New Jersey, en Allemagne, puis en Californie – plus précisément à Rancho Cordova, près de Sacramento. Le père n'est pas souvent là. Au début des années 1950, il part en Corée, puis est muté en Floride. À Rancho Cordova, Joseph, dit « Joe », prend alors le rôle du père de famille. Il s'occupe de ses frères et sœurs comme s'ils étaient ses propres enfants. Il leur prépare leurs repas, les emmène à l'école et les y récupère. Pendant ce temps, leur mère est serveuse chez Denny's, une chaîne de fast-food. Elle s'est mise à fréquenter un soudeur originaire du sud de l'État. À Rancho Cordova, les DeAngelo déménagent régulièrement. Tous leurs meubles sont hypothéqués. Les placards, les armoires, les lits superposés des enfants, même la radio : rien ne leur appartient.

Joseph Junior est un garçon en recherche permanente d'un nouveau foyer. Il se colle souvent aux familles des autres, comme s'il en faisait partie. Un temps, il appelle « Maman » et « P'pa » les parents d'un de ses amis. Puis il part au Vietnam. Il y passe trois ans, dans la marine, sur un croiseur lance-missile du nom d'*USS Canberra*, le long du 17e parallèle – la frontière entre le Nord et le Sud-Vietnam. Lorsqu'il rentre aux États-Unis, son retour est annoncé dans la presse locale. Sur la photo qui accompagne l'article, il est en uniforme blanc de marin, un foulard de soie noire enroulé d'un nœud carré autour du cou. Les années suivantes, il poursuit ses études, jusqu'à obtenir une licence en justice pénale, spécialisée en droit pénal, à l'université d'État de Californie à Sacramento en 1972, puis enchaîne avec un stage de six mois dans les divisions d'identification et d'enquête de la patrouille de Roseville, une ville au-dessus de Citrus Heights, dans le comté de Sacramento.

C'est pendant ces années qu'il rencontre Sharon Huddle, vingt ans, de sept ans sa cadette. Elle est diplômée de la San Juan High School et de l'American River College. Comme il l'a toujours fait, Joseph DeAngelo devient partie intégrante de sa famille. Quelques mois à peine après leur rencontre, il emménage même chez son beau-frère, James Huddle, à Citrus Heights. Les deux hommes sortent souvent ensemble. Il leur arrive de survoler tous les deux la région en biplan. D'autres fois, ils partent chasser ou s'offrent une virée en motocross.

En 1973, DeAngelo épouse Sharon. Cette même année, il suit sa mère et sa sœur à Exeter, une petite ville agricole au sud de l'État, dans le comté de Tulare, avant que sa femme ne les y rejoigne. Il y a décroché un poste dans le bureau de police. C'est un petit commissariat de campagne, avec un effectif réduit à quelques policiers seulement. Presque une petite famille en uniforme, dans laquelle Joseph DeAngelo dénote rapidement. Il est sarcastique, hautain, sérieux. On le voit rarement rire aux blagues de ses collègues. C'est comme s'il voulait marquer une distance entre lui – un officier diplômé – et eux – des flics des champs, qui ont pris ce boulot comme ils auraient pu en prendre un autre. Lors de son recrutement, le journal local avait titré : « Un vétéran de la marine sert à Exeter comme policier ». Joe était cité dans l'article. Une déclaration un peu pompeuse pour ce genre d'endroit : « Sans la loi et l'ordre, il ne peut y avoir de gouvernement et sans gouvernement démocratique, il ne peut y avoir de liberté. La loi est mon métier, et mon métier est de servir la communauté. » En tout état de cause, le bureau de police d'Exeter n'est pas le but ultime de sa vie professionnelle. En marge de son travail, Joseph DeAngelo s'est inscrit à la Kings County Public Safety Academy. Certains cours ont lieu à l'université College of Sequoias, dans une petite ville collée à Exeter : Visalia. Une ville qui, depuis avril 1974, un peu moins d'un an après l'arrivée Joe, s'est mise à vivre au rythme des errances d'un étrange cambrioleur. Il saccage les maisons et les portraits de famille, s'amuse avec les sous-vêtements féminins, vole des babioles, mais semble se désintéresser des objets de valeur. Le 11 septembre 1975, il a aussi tué un homme alors qu'il tentait de kidnapper la fille de ce dernier. L'homme s'appelait Claude Snelling.

Il était professeur de journalisme au College of Sequoia, à Visalia – la même université où Joe assiste à quelques cours.

La police locale est rapidement débordée par l'affaire, et demande parfois des renforts aux commissariats des villes voisines, dont celui d'Exeter, qui accepte de bon cœur. Et c'est ainsi que Joseph DeAngelo se retrouve à participer à la traque du Visalia Ransacker. Une aide symbolique : le cambrioleur tueur disparaît de la région en décembre 1975, après avoir failli être attrapé par le détective William McGowen, et que son portrait-robot a été dévoilé publiquement. Quelques mois plus tard, Joseph DeAngelo déménage lui aussi. Il a décroché un nouveau poste d'officier de police à Auburn, une ville à une petite trentaine de minutes de Rancho Cordova et du comté de Sacramento. Quand il s'y présente, il a perdu une poignée de kilos et porte une moustache à la mode de l'époque. Nouvelle ville, nouveau visage.

De son côté, Sharon, sa femme, vient d'être acceptée à la McGeorge School of Law, dans le centre-ville de Sacramento, où elle étudie pour devenir avocate. Les deux époux font chambre à part et ont une troisième pièce où ils peuvent se rejoindre. Sharon dit que c'est parce qu'elle étudie tard le soir. Et puis Joe a des horaires en décalé depuis qu'il est dans la police d'Auburn. Il peut travailler de jour comme de nuit.

Dans les couloirs du bureau de police d'Auburn, DeAngelo gagne vite un surnom : il est « Junk Food Joey » – « Joey la Malbouffe », en référence à son amour des chips et des sodas. Il est ouvert avec les autres, mais pas trop ; efficace dans le boulot, mais pas trop non plus. Son sergent, Nick Willick, s'en souviendra plus tard comme d'un « flic banal qui n'a jamais eu aucune arrestation ni citation significatives ».

Peu après son arrivée, comme cela s'était passé à Visalia, une affaire secoue le comté. Un homme s'introduit chez les femmes de la région, les agresse sexuellement, puis s'évanouit dans la nuit. Les médias l'ont surnommé l'East Area Rapist. Rancho Cordova, Citrus Heights et Carmichael, les trois villes où la majorité des crimes ont été commis, vivent dans la peur. James Huddle, le beau-frère de Joe, habite la zone. Il s'inquiète pour sa femme et sa fille. Deux femmes ont été violées à quelques rues de chez eux. Il a vu ses voisins installer des projecteurs sur leurs pelouses, fixer de nouvelles serrures aux portes, placer des barreaux aux fenêtres. Il les a imités. Il s'est également acheté un pistolet, qu'il place désormais sous son oreiller, la nuit. Un jour, il demande à Joe DeAngelo de venir vérifier l'installation. Les deux hommes font le tour de la maison ensemble. Joe regarde les serrures des portes, vérifie leur fonctionnement, il secoue les barreaux des fenêtres, s'assure qu'elles sont bien fixées. Il teste chaque mesure de sécurité que son beau-frère a mise en place, puis se tourne vers lui, et lui dit d'un ton confiant : « Tu n'as rien à craindre. » Les chiffres continuent d'augmenter, pourtant. En juillet 1979, on dénombre cinquante victimes de l'East Area Rapist. Puis, comme à Visalia, tout s'arrête.

Au mois d'août suivant, Joseph DeAngelo se fait virer de son poste d'officier de police à Auburn. Une histoire étrange : le 21 juillet, alors que DeAngelo se promène entre les rayons d'un magasin, il enfouit sous son t-shirt un répulsif pour chien et un marteau de la marque Stanley. Un employé l'a vu voler et lui demande, avec un autre collègue, de l'accompagner à l'arrière du magasin. DeAngelo s'en offusque. Il crie haut et fort qu'il ne les suivra pas, qu'il n'a rien volé, essaye de s'en aller. Les deux hommes lui attrapent le bras. DeAngelo se débat, crie, feint même une crise cardiaque qui force les deux hommes à lâcher prise. Il fonce alors vers la porte, avant d'être rattrapé une seconde fois et attaché à une chaise. À ces employés, DeAngelo explique quelques minutes plus tard avoir perdu la tête et souffrir d'une commotion cérébrale. Il dit qu'il va mal et qu'il va vomir. Il donne son prénom et nom, tient des propos sans queue ni tête. Son identité d'officier de police d'Auburn une fois confirmée, il est libéré. Mais le soulagement est de courte durée : un mois après cet épisode, il est limogé. Il le prend très mal. DeAngelo porte plainte contre sa hiérarchie, qu'il accuse de harcèlement. Il explique souffrir de séquelles psychologiques depuis son licenciement. Il assure à qui veut l'entendre qu'il n'a rien volé et ajoute parfois qu'il va tuer son supérieur, le lieutenant Willick. Il l'a confié à son beau-frère, James Huddle, qui a haussé les épaules. Il l'a dit aussi à la thérapeute qui est chargée d'enquêter sur la plainte.

Quelque temps plus tard, Nick Willick se réveille chez lui, sa petite fille endormie au pied de son lit. Au matin, elle est encore effrayée par ce qu'elle a vécu dans la nuit : un homme l'a observée dans son sommeil. Le chef de la police ne constate aucune trace d'effraction ni tentative d'intrusion chez lui.

Puis il jette un œil au sol : juste sous la fenêtre, deux empreintes de pied sont dessinées sur la terre marron du jardin.

Joseph DeAngelo a désormais trente-trois ans. Sans emploi, il est libre de bouger quand il le souhaite et où il le souhaite. En dehors de Sacramento, par exemple, dans le sud de l'État, près de Long Beach, où sa femme Sharon doit se rendre pour son métier d'avocate. C'est une ville côtière, près de Los Angeles, à quelques minutes de voiture de Dane Point et d'Irvine, où le couple Harrington et Manuela Witthuhn ne tarderont pas à être assassinés.

En septembre 1981, Sharon accouche d'une petite fille, puis cinq ans plus tard, le 26 novembre 1986, d'une deuxième. Une troisième fille naît le 14 mai 1989. De l'avis de tous, Joseph DeAngelo est un père aimant, qui emmène ses filles faire du bateau, suivre des cours de musique et d'équitation, et qui s'intéresse à leurs études. Sur le plan professionnel, DeAngelo travaille un temps pour la Pacific Gas and Electric Company en tant que plongeur, puis suit une formation payée par l'État, afin de devenir mécanicien de camion. Il trouve un job au Save Mart's Distribution Center de Roseville, une ville voisine de Sacramento. Il s'y rend chaque jour, jamais malade, toujours méticuleux. La famille habite désormais à Citrus Heights, un pavillon aux murs beiges et aux colonnes en briques rouges. Cette vie de famille prend fin en 1991, avec la séparation du couple. Joseph DeAngelo reste néanmoins proche de ses beaux-parents, qu'il appelle « Maman » et « Papa ». Il continue également de côtoyer James, son beau-frère. Les deux hommes peuvent passer des heures ensemble à monter leurs maquettes de bateaux télécommandés. Mais aujourd'hui comme hier, James ne se sent jamais vraiment à l'aise face à Joe. Il le perçoit comme un homme en perpétuelle retenue. Il ne peut s'empêcher de noter qu'il n'effectue jamais le moindre geste affectueux. Jamais de baiser. Jamais d'accolade. Joe semble mettre des barrières physiques entre lui et les autres, en permanence. Il a même une expression, qu'il dégaine lorsqu'il voit des personnes s'enlacer en public : « Pas de DPA, ici. » « DPA » pour « Démonstration publique d'affection ».

C'est l'image qu'il donne aussi dans le quartier. Celle d'un homme difficile à appréhender. La maison de DeAngelo est impeccablement entretenue. À l'intérieur comme à l'extérieur. La vaisselle est toujours faite, la salle de bains récurée et la pelouse du jardin de devant, parsemée de trois petits rochers, est tondue au millimètre près. Une rigueur d'ex-militaire, dit-on. Les voisins le voient souvent plié en deux, à s'occuper de son gazon. Certains le surnomment « Crazy Joe ». D'autres l'appellent le « Freak ». D'autres encore, « le Gueulard », parce qu'il hurle lorsqu'il perd ses clefs, hurle lorsqu'il se dispute avec son ex-femme, hurle lorsqu'un chien du quartier se met à aboyer trop fort et hurle parfois sans raison apparente.

Grant Gorman, le fils de son voisin direct, en est le meilleur témoin. La nuit, il voit parfois DeAngelo tourner en rond dehors, seul. Il l'entend, surtout, ruminer des obscénités et des menaces de mort telles que : « Je vais les tuer. » Grant et sa famille se sont longtemps dit que c'était seulement Joe, le vieux monsieur un peu fou et bougon de la maison d'à côté. Jusqu'au jour où, sur leur répondeur téléphonique, ils ont reçu le message vocal suivant, sans salutation, sans signature : « Si vous ne faites pas taire ce chien, il va y avoir des morts. » La voix était reconnaissable entre toutes. Quelques semaines plus tard, le rottweiler mourait, d'une étrange faiblesse musculaire survenue du jour au lendemain.

15.

Aurait-on pu arrêter Joseph DeAngelo dans sa course criminelle ? L'empêcher de commettre tous ces actes ? Y a-t-il eu des moments où il aurait été possible de déceler que, derrière l'homme respectable, se cachait un tueur et un violeur en série ? Depuis que son identité a été dévoilée, ceux qui ont fréquenté le meurtrier vivent en permanence avec ces questions. James Huddle, par exemple. En repassant sa vie aux côtés de son ancien beau-frère, le frère de Sharon a isolé quelques instants qui, oui, lui ont toujours laissé un goût de malaise. Par exemple, ce jour au début des années 1970. Les deux hommes roulaient sur Auburn Boulevard à Sacramento, quand Joe avait coupé la voie à une voiture, dont les occupants avaient riposté en se collant à leur pare-choc arrière. DeAngelo leur avait fait un doigt d'honneur par la fenêtre, puis avait bifurqué sur le parking d'un McDonald's. L'autre voiture les y avait suivis. Deux hommes en étaient sortis. En les voyant s'approcher, DeAngelo avait sorti un revolver 357 de l'habitacle, et les avait menacés. Les inconnus avaient fait demi-tour sans dire un mot. Sur la route du retour, dans la voiture des beaux-frères aussi, le silence avait été total. James Huddle avait eu le sentiment que DeAngelo aurait très bien pu tirer. Un autre souvenir lui est revenu : à ses filles, avec qui il regardait pourtant des films d'horreur, Joseph DeAngelo n'interdisait que deux types de programme : les documentaires sur les tueurs en série et ceux sur les affaires criminelles.

Mais peut-être faut-il remonter encore davantage dans le temps pour saisir quel genre d'homme était vraiment Joseph DeAngelo. Au printemps 1969, le futur Golden State Killer n'a pas encore commis le moindre forfait ; il n'est pas encore agent de police ; il ne fréquente pas encore Sharon Huddle. Il a vingt-trois ans et n'est qu'un jeune homme de retour du Vietnam quand il fait la connaissance d'une jeune fille nommée Bonnie Colwell, dix-huit ans. Issue d'une famille d'universitaires et d'enfants brillants – son père est directeur d'un lycée difficile de Sacramento et ses frères ont tous été délégués de classe –, Bonnie est ce qu'on pourrait appeler une première de la classe. Elle est étudiante en sciences, inscrite en deuxième année au Sierra College, une université publique à Rocklin, au nord de Sacramento, et membre de l'Alpha Gamma Sigma – une fraternité dont la devise n'est autre que : « Ajouter à la bonne moralité, la connaissance et le jugement. » Sur son temps libre, elle n'hésite pas à conduire une heure jusqu'à l'hôpital de la marine d'Oakland, où elle rend visite à des soldats revenus brisés de la guerre absurde qu'ils mènent en Asie du Sud-Est. Le jour où Joseph DeAngelo la voit pour la première fois, elle est en train de s'occuper des animaux de la petite ménagerie du département scientifique du Sierra College. Alors qu'elle a sur l'épaule un Grand-duc d'Amérique, un hibou marron à l'allure royale, et qu'un étourneau vole autour d'elle, ce jeune homme aux cheveux clairs brossés sur le côté et aux épaules épaisses lui dit qu'il voudrait en savoir plus sur ces oiseaux, et un peu plus sur elle. La jeune fille est intriguée, elle répond à ses questions avec le sourire.

Les jours suivants, Joseph DeAngelo passe fréquemment par le laboratoire. Il s'assoit avec Bonnie, et Bonnie lui raconte sa vie : les animaux qu'elle garde ici, sa famille d'intellectuels, sa maison en pleine nature, située à dix minutes à peine. À la fin de la semaine, il lui propose un rendez-vous, auquel elle répond oui. DeAngelo parle parfois du Vietnam. Il montre son index gauche coupé de moitié dès qu'il le peut, en racontant se l'être fait arracher là-bas, dans le delta du Mékong, par une balle ennemie. En réalité, c'était un bête accident. Joseph s'était scié le doigt en réparant des dommages que son navire, sur lequel il était charpentier, avait subis après avoir combattu. Le couple aime aller se promener à Folsom Lake, un lac à quelques kilomètres de Sacramento, où DeAngelo apprend à Bonnie à faire de la plongée. Il lui a aussi offert un vingt-deux Long Rifle, un fusil qui combine précision et dangerosité, et avec lequel il l'emmène chasser. Parfois, il la laisse conduire sa Plymouth Road Runner bleu électrique ; une voiture tout en longueur dont le moteur fait un bruit monstre. Il possède aussi une moto, une Honda, dont il aime pousser le compteur à la vitesse maximale. Bonnie a parfois peur, ce dont il se délecte. Dès que sa petite amie se colle un peu plus à lui, effrayée, il accélère. Il aime montrer qu'il est au-dessus des règles du commun des mortels. Et de la loi. Il franchit les clôtures privées, tire sur des vautours et, un jour, alors qu'un berger allemand les poursuit, Joe lui assène un coup de pied féroce sur le cou. La bête tombe raide morte. Dans l'intimité de la chambre à coucher, le sexe avec Joe DeAngelo est une épreuve épuisante, et souvent douloureuse. Il est insatiable et insensible à ce que peut ressentir ou exprimer sa partenaire.

Le jour où elle le présente à sa famille, Bonnie craint la réaction de son père, Stan Colwell ; un homme aux cheveux blancs clairsemés, plaqués en arrière, et aux cravates à rayures, dont elle doute qu'il apprécie les manières de son petit ami. Pourtant, les deux hommes s'entendent bien. Stan Colwell est un vétéran de la Seconde Guerre mondiale, et il a de l'estime pour ce jeune garçon de retour du Vietnam. Comme il l'a toujours fait avec les personnes pour qui il s'est pris d'affection, DeAngelo se met vite à passer le plus de temps possible dans sa nouvelle famille d'adoption. Il monte leurs chevaux et cueille leurs oranges. Emmène les frères de Bonnie en virée dans le comté, leur propose des sorties au drive-in. Sur une photo, le futur criminel, t-shirt jaune et jean noir, pose entouré de la famille Colwell au grand complet. Les frères de la jeune fille sont à ses pieds. Au second rang, lui enlace la tante et la grand-mère de Bonnie. Vient le jour des fiançailles. Dans le *Press Tribune* de Roseville daté du 14 mai 1970, une photo affiche en large le visage souriant de Bonnie. On peut y lire : « Les cloches de l'église vont sonner », puis, en plus petit : « Mr et Mrs Stanley B. Colwell [...] annoncent les fiançailles de leur fille, Bonnie Jean, à Joseph James DeAngelo Junior, fils de Mrs Jack Bosanko d'Auburn et Joseph DeAngelo Senior de Corée. » La suite est déjà écrite : Bonnie, dont le rêve était de devenir docteure, va suivre des études d'infirmière ; Joe, qui veut être policier, s'inscrit à l'université d'État de Californie, en plein centre-ville de Sacramento. Seulement, le jeune homme n'est pas très bon étudiant, ses notes ne suivent pas, et il demande à Bonnie de l'aider à tricher à son examen de psychologie. On est alors au printemps 1971. Elle refuse. Elle est une fille d'enseignant, avec un sens aigu des valeurs du travail. Si Joe doit réussir ce test, c'est en bûchant.

C'est cette tentative de triche à un examen qui fait basculer le couple. Dans le salon des Colwell, la jeune femme annonce à son fiancé que leur relation est terminée, et lui rend sa bague de fiançailles. Joe quitte la maison en rage. En s'avançant vers sa voiture, il jette la bague dans l'herbe, met le contact et démarre, en trombe. Bonnie et ses frères chercheront la bague derrière la maison, mais ne la trouveront jamais.

Ensuite deux semaines passent, sans aucun échange entre les deux amoureux. Puis, comme souvent avec Joseph DeAngelo, l'histoire compte un épilogue nocturne.

Une nuit, vers 2 h 30, Bonnie est réveillée par du bruit à sa fenêtre. Elle s'agenouille sur son lit et soulève le rideau. Joe est face à elle, un revolver pointé dans sa direction. « Habille-toi, lui souffle-t-il. Je t'emmène à Reno, on va se marier. » La jeune fille saute de son lit et s'enfuit vers la chambre de son père, qu'elle tire de son sommeil en lui criant que Joe est dehors, qu'il a une arme à feu et qu'il veut la forcer à se marier avec lui. Ils doivent appeler la police. Stan Colwell se lève, enferme sa fille dans la salle de bains. « Tu ne sors pas d'ici, tant que je ne suis pas venu te chercher », lui ordonne-t-il. Puis il part à la rencontre de Joe. Les deux hommes discutent pendant deux heures, avant que Stan revienne dans la salle de bains où attend Bonnie, effrayée, et lui lâche : « Joe est parti. Retourne te coucher. » Stan Colwell n'a jamais révélé à sa fille ce qu'il avait dit à Joe, ce soir-là. Elle aurait bien aimé le savoir. Ces dernières années, Bonnie s'est aussi parfois demandé ce que seraient devenues les décennies suivantes si, ce soir-là, au lieu de vouloir régler le problème tout seul, son père avait appelé la police.

16.

La maison de Kris Pedretti se trouve au bout d'une impasse d'Elk Grove, une ville du comté de Sacramento. Sur la porte, un message accueille les visiteurs par ces mots : « Pas la peine de sonner... Je sais que vous êtes là. » Il suffit donc d'attendre qu'elle sorte ouvrir, puis vous invite à traverser le salon et la cuisine, jusqu'au jardin à l'arrière. Une dizaine de chênes, sycomores et arbustes s'y côtoient paisiblement, bercés par la musique d'une fontaine et le ballet des écureuils qui passent de branche en branche. Dans le fond, sous les ombres mouvantes des arbres, une réplique de la pierre tombale de la mère de Kris est plantée dans la terre. Un nouvel écriteau : « Promets-moi de toujours te rappeler que tu es plus courageuse que tu ne le crois, plus forte que tu sembles l'être, et plus maline que tu ne le penses. » Un cabanon complète l'ensemble. Lui abrite des dizaines de messages écrits à la main. On y lit : « Soyez fortes, mes sœurs survivantes. » C'est ici que Kris et d'autres victimes du Golden State Killer se retrouvent régulièrement depuis 2018.

La première réunion avait eu lieu dans le jardin de Carol Daly, à Sacramento. Puis Kris a pris la relève. Lors de la première rencontre, elle s'était présentée par son numéro. « Bonjour, je suis la victime numéro dix » On lui avait répondu : « Je suis la trente-et-unième », « Moi, la cinquième », « Et moi, la première ». Aujourd'hui, elles s'appellent par leurs prénoms, et chacune connaît l'histoire de l'autre. Kris leur a raconté, par exemple, comment son père, un marine, avait décidé de l'envoyer, deux jours après son viol, dans un camp religieux sur la côte. Elle y avait passé ses journées à chanter « *Kumbaya* » et à prier. À son retour, sa famille avait fait comme s'il ne s'était jamais rien passé. Une autre a dit comment, après le meurtre de sa sœur, elle a pendant des années placé chaque nuit un placard contre la fenêtre de sa chambre, pour empêcher le tueur d'entrer chez elle. Une autre encore a décrit comment son mari a perdu pied, après que le couple a été attaqué par Joe DeAngelo, jusqu'à tirer un soir sur une voiture de jeunes trop bruyants qui passait devant chez eux. Pratiquement chaque nuit, effrayé par l'imminence de la pénombre, le couple partait dormir chez leurs voisins.

Il arrive encore que Kris Pedretti voie se présenter à elle des femmes qu'elle ne connaît pas, et qui lui disent être des victimes de Joseph DeAngelo. Elle se demande parfois si le chiffre avancé par la justice est le bon. S'il n'y a pas, quelque part, d'autres victimes qui n'ont pas été comptabilisées, dont on n'a pas entendu les récits. Et d'autres encore qu'on n'entendra jamais, parce qu'elles sont sans doute mortes.

Si l'identité du Golden State Killer a finalement été découverte, son refus de s'expliquer sur ses crimes laisse de nombreuses questions en suspens. Comme Kris Pedretti, plusieurs enquêteurs sont persuadés que les victimes sont bien plus nombreuses qu'annoncé. On ne sait pas non plus comment DeAngelo choisissait ses cibles. Sur quels critères ? Elles étaient adolescentes, adultes, brunes, blondes, châtains, célibataires, en couple, mariées, venaient de milieux aisés comme de milieux plus populaires. Un autre mystère est celui d'éventuelles complicités. Une victime affirme l'avoir entendu dire : « Tiens, mets ça dans la voiture. » Une autre a cru saisir deux voix distinctes dans la maison, puis entendre un véhicule klaxonner plusieurs fois dehors, comme pour appeler le criminel. Une troisième a déclaré à la police que son agresseur lui aurait dit : « Mon pote m'attend dehors dans la bagnole. » Jouait-il la comédie pour brouiller les pistes, ou était-il vraiment accompagné dans certaines de ses virées ? Un ancien détective qui a travaillé sur l'affaire assure qu'il a reconnu le visage d'un proche de DeAngelo dans un portrait-robot du Golden State Killer fait par l'une des victimes, mais ce suspect est mort en 2019, sans jamais avoir été interrogé.

Et puis cette autre interrogation : pourquoi Joseph DeAngelo a-t-il arrêté de tuer en 1981, repris en 1986, puis arrêté de nouveau la même année, a priori définitivement, cette fois ? Ces deux années correspondent aux années de naissance de ses deux premières filles. Beaucoup pensent en conséquence que le tueur a été, soit impacté psychologiquement par leur arrivée dans sa vie, soit, tout simplement, trop occupé à devoir gérer des nouveau-nés pour commettre des crimes.

Ken Clark, le policier qui a arrêté DeAngelo, penche pour la thèse de Michelle McNamara. L'année 1986, explique-t-il, marque l'arrivée de l'ADN dans les enquêtes. Un criminel qui avait servi dans la police savait forcément ce que cela signifiait : échapper à la justice serait désormais encore plus difficile qu'avant.

Depuis le 27 avril 2018, plusieurs audiences publiques ont eu lieu à Sacramento. Le juge et le procureur ont débattu de certaines procédures demandées par ce dernier, comme prélever l'ADN de Joseph DeAngelo, ou le photographier nu et analyser la taille de son sexe, si souvent décrit par ses victimes comme anormalement petit. Le 13 août 2018, DeAngelo a aussi été inculpé d'un treizième meurtre, celui de Claude Snelling, le professeur de journalisme à Visalia. Ne pouvant l'inculper pour des viols prescrits depuis des décennies, les procureurs des comtés de Sacramento et de Contra Costa ont considéré les fois où Joseph DeAngelo attachait ses victimes et les déplaçait dans la maison comme des tentatives de kidnapping. Ces crimes sont sans prescription et passibles d'une peine de prison à perpétuité. Le 21 août 2018, Joseph DeAngelo était inculpé de treize tentatives de kidnapping.

Le présumé coupable a assisté à certaines de ces audiences publiques. Parfois debout, dans une cage ceinte de barreaux, toujours vêtu de sa combinaison orange de prisonnier. Son visage s'est considérablement aminci depuis son arrestation. Lui qui avait les joues rebondies et la gorge épaisse, a maintenant les tempes creusées et la peau du cou qui flotte. Il continue de se tenir la bouche entrouverte et les rares fois où il prend la parole, sa voix est si faible que le personnel de justice l'entend à peine.

Anne Marie Schubert, la procureure du comté de Sacramento, se méfie de ce nouveau Joseph DeAngelo. Elle est persuadée que l'homme s'est juste créé un nouveau rôle. S'il a réussi à se montrer tour à tour comme un policier hautain, un père aimant et un voisin secret, alors pourquoi pas un vieil homme sénile ? L'intuition a été validée. Les 1er et 17 juin 2020, Joseph DeAngelo s'est présenté à ses audiences en chaise roulante. Mais des vidéos filmées le même jour, dans sa cellule, montrent autre chose. Sur la première, il est debout, en train de s'étirer comme s'il s'apprêtait à faire du sport. La seconde le montre escalader son lit, grimper sur son bureau et couvrir de carton les lampes de sa cellule, à la recherche d'une lumière plus tamisée.

Ce 29 juin 2020, le sujet porte sur l'accord que le criminel s'apprête à conclure avec les procureurs et le juge. Afin d'éviter la peine de mort réclamée par quatre des cinq procureurs des comtés de Californie, DeAngelo doit plaider coupable de treize meurtres, treize tentatives de kidnapping, et admettre cinquante viols. Il doit avouer être l'East Area Rapist, le Visalia Ransacker, l'Original Night Stalker et le Golden State Killer. De son côté, la justice s'évite ainsi un procès long, coûteux et complexe à organiser en temps de pandémie de Covid. Joseph DeAngelo, quant à lui, sauve sa tête.

Toute cette journée d'été, le tueur en série écoute l'air hagard le juge et les procureurs faire défiler son palmarès de tueur et violeur en série. Il murmure tout bas « Coupable » aux meurtres et tentatives de kidnapping et « Je reconnais » pour les viols. Les victimes de meurtre sont citées, tandis que les femmes violées sont toutes renommées « Jane Doe », afin de préserver leur anonymat. Comme Kris, certaines décident néanmoins de se lever lors du récit de leur histoire.

Deux mois plus tard, du 18 août au 20 août 2020, elles ont aussi la possibilité, si elles le souhaitent, de prendre la parole face à leur agresseur. Chaque victime s'installe alors devant un pupitre de la Cour suprême de Californie et entame son récit, le regard fixé sur le vieil homme en combinaison orange. L'une d'elles a apporté avec elle cette pancarte, qui résume leur état d'esprit collectif : « Maintenant... Nous avons le pouvoir et le contrôle. »

Vêtue de noir, Kris Pedretti se présente à son tour. Elle raconte toute sa soirée du 18 décembre 1976. « J'étais alors une jeune fille normale de quinze ans, j'aimais aller à l'école, dormir chez des amis et aller à l'église, c'était une semaine avant Noël. [...] Mon monde était petit, prévisible et sûr. Cette nuit-là, mon monde a changé. [...] Le matin suivant, je me suis réveillée en sachant que je ne serai plus jamais une enfant. Et même si j'étais heureuse d'être encore vivante, je sentais que j'étais morte à l'intérieur. » Elle ajoute : « Je trouve incroyablement ironique que Joe DeAngelo n'ait que des filles et une petite-fille. Pas de fils. Pas de petit-fils. Si je pouvais parler à Joe DeAngelo, je lui dirais : "Imaginez votre femme, vos filles, votre petite-fille à quinze ans, et figurez-les-vous bâillonnées, attachées et avec un bandeau sur les yeux, alors qu'elles sont violées, torturées et craignent pour leur vie à cause d'un inconnu masqué qui a le droit de vie ou de mort sur elles pendant qu'il les viole pendant des heures. […] Avez-vous des remords pour m'avoir fait cela ? […] Il n'y a pas de prière assez forte pour vous sauver." » Face à elle, DeAngelo reste impassible. Il restera impassible aussi le lendemain, lorsqu'une femme viendra déclarer : « Mon pote, pourrissez en enfer », avant de préciser qu'elle est, aujourd'hui, venue avec une amie. Celle-ci se nomme Bonnie Colwell. N'étant pas une victime, elle ne peut prendre la parole. Mais son amie le fait à sa place : « Si Bonnie était autorisée à vous parler, dit-elle, elle vous dirait que […] même un flingue n'a pas réussi à la faire vous épouser. Quand elle a vu qui vous étiez vraiment, elle en a eu fini avec vous. […] Quand vous commencerez à purger votre peine, vous retournerez dans un lieu perdu et insignifiant, disparu de sa vie pour toujours. Amen. »

Enfin, le 21 août, Joseph DeAngelo apparaît une dernière fois. C'est le jour de son jugement. Les procureurs de huit comtés de Californie, et les avocats sont là. Kris Pedretti, les « Jane Doe » et leurs proches, une dizaine d'autres victimes aussi. De même que Carol Daly et Paul Holes. Les proches de Joe DeAngelo, que l'on n'a quasiment jamais entendu parler depuis son arrestation, ont écrit des lettres qui vont être lues par les avocats de l'accusé. Sa sœur, Rebecca, a écrit que son « amour pour Joe ne disparaîtra jamais » et blâme une enfance difficile avec un père « dur », « violent physiquement et mentalement » envers son frère et sa mère. « Il y a tant de choses que Joe a dû affronter. [...] Et bien sûr cela ne justifiera jamais ce qu'il a fait. » Sa fille aînée dit qu'il « est le meilleur père qu'[elle ait] pu avoir ». « Je ne pourrais jamais vous dire tout ce qu'a fait mon père pour moi. [...] Il a pris soin des personnes qu'il aimait, ses amis et sa famille, et s'est toujours montré généreux et attentionné. [...] Mon père avait tant d'amour, de bienveillance et d'empathie pour les autres. [...] Il m'a appris à apprécier la vie, et ne jamais rien tenir pour acquis. Je ne peux vous dire à quel point ma fille et moi sommes endeuillées, depuis qu'il n'est plus dans nos vies. »

Enfin, pour la première fois depuis le début de ces audiences, Joseph DeAngelo se lève et parle. Voûté, au début, puis en se redressant. Il reste debout quelques secondes, avant d'enlever son masque anti-Covid, d'un geste lent et théâtral. D'une voix claire, grave et articulée, il dit : « J'ai écouté tous vos témoignages. Un par un. Et je suis sincèrement désolé. Merci, votre honneur. » Et il se rassoit. C'est tout. Pour les victimes, c'est une claque. Quarante-quatre ans d'attente pour un « Je suis sincèrement désolé » dit sans conviction, comme par obligation.

C'est au tour du juge Michael Bowman. Il condamne Joseph DeAngelo à onze peines de prison à perpétuité sans possibilité de libération conditionnelle, à purger consécutivement, plus quinze peines de prison à perpétuité avec possibilité de libération conditionnelle, ainsi que huit ans supplémentaires d'incarcération. Le violeur et tueur en série n'est pas condamné à mort, mais c'est tout comme. Il purgera ses peines à la prison d'État de Corcoran, en Californie – l'une des plus dures du pays – où il mourra sans doute. Alors que DeAngelo est amené hors de la salle, toutes les victimes se lèvent et, soudain, la salle résonne de leurs applaudissements. Elles tapent des mains si fort que le regard des observateurs et des médias abandonne le tueur à son triste sort, et se fixe sur elles.

ÉPILOGUE

Printemps 2022, comté de Placer

Pour trouver Richard Shelby, il faut conduire quarante minutes au nord de Sacramento, et s'enfoncer dans le comté de Placer. C'est une ancienne terre de chercheurs d'or, à l'écart des grandes et grosses artères, faite de routes étroites et terreuses. Après une petite pente, un sentier mène jusqu'à son ranch. Les premiers voisins sont à des dizaines et des dizaines de mètres.

L'ancien flic est venu vivre ici avec sa femme et ses deux enfants, après avoir quitté Rancho Cordova à la fin des années 1970. Depuis sa retraite, au milieu des oies, des canards et des chats, il passe ses journées à s'occuper de sa ferme, des mandarines qu'il vend et du romarin qu'il fait sécher dans son grenier. Il lit beaucoup, aussi. Récemment, il s'est plongé dans l'*Odyssée*, l'occasion de confirmer que le monde n'a pas vraiment changé, ces derniers milliers d'années.

Comme aux autres, c'est Carol Daly qui lui a annoncé, en avril 2018, qu'on avait enfin identifié le Golden State Killer. Il était aux alentours de cinq heures du matin. Richard Shelby a réagi comme Richard Shelby a toujours réagi : avec retenue. D'un côté, il ressentait l'immense satisfaction de savoir que l'homme qu'il avait traqué pendant des années, celui qui lui avait rendu visite, une nuit, effrayant son fils, avait enfin été arrêté. De l'autre, il ne pouvait s'empêcher d'être envahi par la déception, voire la honte, de n'avoir été en rien responsable de cette conclusion. Pas plus qu'à Carol Daly, le nom de Joseph DeAngelo ne lui a dit quelque chose. Cet homme n'a jamais figuré dans aucune liste de ses suspects. Richard Shelby a envisagé un court instant d'aller aux auditions, pour regarder Joseph DeAngelo « les yeux dans les yeux ». Quelque chose en lui aurait aimé sonder son regard et vérifier si son visage lui était vraiment inconnu. Finalement, il s'est abstenu. Le tueur n'aurait de toute façon pas dit ce qu'il aurait voulu entendre. Alors Shelby s'est tenu au courant de loin, par les informations. Et le 21 août

2020, après avoir appris que DeAngelo était condamné à de multiples peines de perpétuité, il est retourné à ses mandarines, son romarin, ses oies, et a tourné définitivement la page.

En réalité, il l'avait déjà fait deux ans auparavant. Le lendemain de l'arrestation du Golden State Killer, en 2018, Shelby avait passé des heures à fouiller toute sa maison de fond en comble. Il avait inspecté chaque tiroir, chaque placard, récupéré chaque dossier en lien avec l'affaire, des rapports de police, des photos, des feuilles volantes saturées de notes, des mémos, des clefs USB, des CD ; toutes ces passerelles vers son enquête maudite. Il les avait ensuite chargés dans son tracteur, s'était installé au volant et avait conduit jusqu'à l'autre côté de son verger, sur une petite butte, en hauteur. Là, il avait rassemblé tout le matériel et confectionné une pile de près d'un mètre de haut. Puis il s'était penché dessus, avait gratté une allumette et regardé le feu prendre. Dans son souvenir, ce sont les rapports de police qui se sont enflammés les premiers. Puis, bientôt, tout est parti en fumée.

ANNEXES

CHRONOLOGIE

Parcours du Golden State Killer

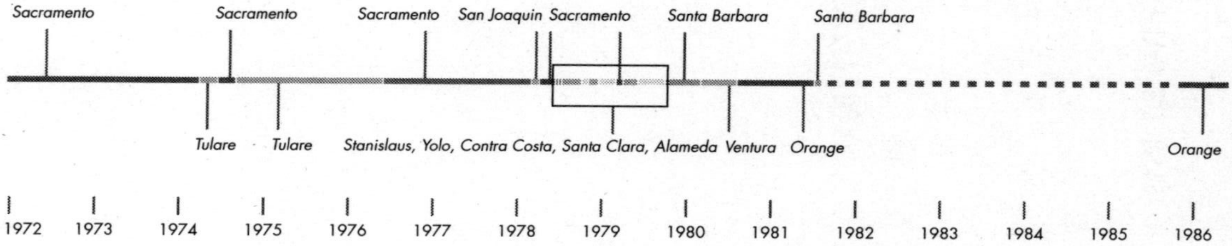

ÉTAT DE CALIFORNIE

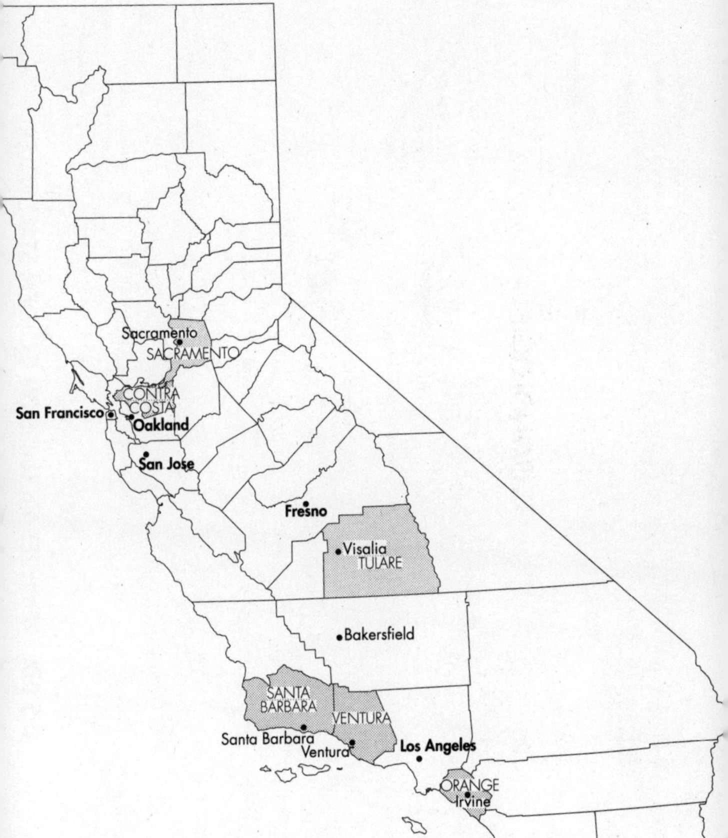

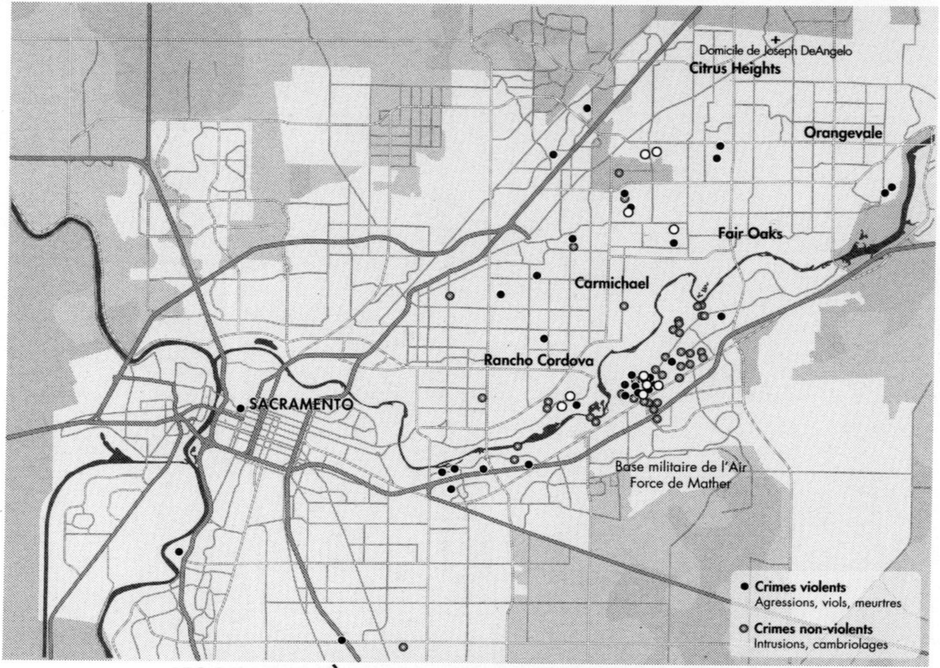

LES DIX PREMIÈRES VICTIMES DU GOLDEN STATE KILLER

Sources

Pour m'aider dans mon enquête, je me suis plongé dans le livre de Richard Shelby :

Hunting a Psychopath: *The East Area Rapist*; *Original Night Stalker Investigation – The Original Investigator Speaks Out,* Booklocker.com, Inc., 2014.

Et également :

Michelle McNamara, *Et je disparaîtrai dans la nuit*, traduit de l'anglais par Estelle Roudet, Kero, 2018 ; Le Livre de poche, 2019.

James Huddle, *Killers Keep Secrets: The Golden State Killer's Other Life*, compte d'auteur, 2020.

Le reste est le fruit de longues interviews avec les protagonistes de ce livre et de rapports de police de l'époque.

Remerciements

Pour cette plongée dans les rues tortueuses, insouciantes, et malheureusement sanglantes, de Sacramento, dans les années 1970, j'aimerais remercier tout d'abord l'ancien lieutenant Richard Shelby. Il m'a accueilli de longues heures chez lui, dans sa maison californienne, loin de tout, et sacrifié sa paisible retraite pour retourner dans sa quête infernale de l'identité du Golden State Killer. Sa mémoire remarquable, sa générosité et sa bienveillance à répondre à chacune de mes questions m'ont épaulé tout du long de mon enquête.

Un grand merci aussi à son acolyte, l'ancienne shérif adjointe, Carol Daly, qui malgré la violence de cette enquête et les traces qu'elles ont laissées chez elle, a bien voulu me raconter la vie secrète du

Département du shérif et sa course effrénée après les monstres qui habitaient son quotidien. Elle a été un soutien pour les victimes pendant plus de quarante ans et un exemple pour tant de femmes qu'elle mériterait un livre à elle seule.

Un grand merci aussi au sergent Ken Clark. Il a été mes yeux sur les dernières heures de liberté de Joseph DeAngelo. J'espère qu'il profite aujourd'hui de sa retraite loin du soleil plombant de la Californie et savoure les pluies permanentes de l'État de Washington.

Elles ont accepté de revivre durant de longues heures leurs nuits terribles, et les dizaines d'années corrompues qui s'en sont suivies. Je sais que ça a été un sacrifice pour elles et je ne peux imaginer à quel point replonger dans ces mauvais souvenirs a été difficile. Je remercie pour cela Kris Pedretti et Gay Hardwick. J'espère que les numéros des victimes qui leur ont été collés à la peau pendant plus de quarante ans ont pu s'estomper un peu avec l'incarcération de DeAngelo.

Je remercie aussi la procureur de Sacramento, Anne Marie Schubert, d'avoir pu trouver quelques heures à me consacrer dans son emploi du temps déjà bien chargé. Et merci pour l'aide et la patiente de Michelle

Cruz et Jennifer Carol, sœur et fille de victimes de l'Original Night Stalker.

Un bouquet de remerciements à ma mère et ma sœur, dont j'ai gâché les vacances avec le récit d'un tueur en série.

Et enfin, un grand merci aux trois personnes sans qui ce livre n'aurait pas existé : mon éditrice Elsa Delachair ; Franck Annese et Stéphane Régy de So Press. À la première, merci pour tes conseils précieux, pour ta confiance et ta tolérance face à ma lenteur à répondre à tes mails. À Franck et Stéphane, merci pour tout. Je ne serais certainement pas le journaliste que je suis aujourd'hui, sans avoir pu travailler avec vous.

Table des matières

II. CONNEXIONS
(1980-2018)

III. FACE-À-FACE
(1945-2018)

ÉPILOGUE

ANNEXES

Pour prolonger l'enquête,
retrouvez des documents inédits ici

Achevé d'imprimer par
Normandie Roto Impression s.a.s.
N° d'impression : 2301650
Imprimé en France

10/18, 92 avenue de France, 75013 Paris